“难忘教育”系列丛书

我们走了有多远

——基于新课程背景下的体育教学实践

潘雪峰 著

SOUTHEAST UNIVERSITY PRESS
东南大学出版社
·南京·

图书在版编目(CIP)数据

我们走了有多远:基于新课程背景下的体育教学实践/潘雪峰著. —南京:东南大学出版社,2013.2

ISBN 978-7-5641-4106-6

Ⅰ.①我… Ⅱ.①潘… Ⅲ.①体育教学—课程改革—教学研究 Ⅳ.①G807.01

中国版本图书馆 CIP 数据核字(2013)第 033217 号

我们走了有多远——基于新课程背景下的体育教学实践

出版发行	东南大学出版社
出 版 人	江建中
社　　址	南京市四牌楼 2 号(邮编:210096)
网　　址	http://www.seupress.com
责任编辑	孙松茜
经　　销	全国各地新华书店
印　　刷	南通印刷总厂有限公司
开　　本	880mm×1 230mm　1/32
印　　张	7.5
字　　数	216 千字
版　　次	2013 年 2 月第 1 版
印　　次	2013 年 2 月第 1 次印刷
书　　号	ISBN 978-7-5641-4106-6
定　　价	29.80 元

(本社图书若有印装质量问题,请直接与营销部联系。电话:025-83791830)

“难忘教育”系列丛书

编委会

序

我们走了有多远？问得好！百年历史的体育课程，伴随着社会的变迁与发展，历经了军国民体育、自然主义体育、体质体育、竞技体育以及当今倡导的健康体育，我们一直在向前走。起始于2001年的新课程改革，已经整整12个年头。回眸12年新课程改革的历程，变革是深刻的，影响是深远的。我们变革了学科本位“见物不见人”的体育，由“育体”向“育人”迈进；我们变革了单纯生物体育观，向身心全面发展的三维健康观迈进；我们变革了以竞技体育学习为核心的内容体系，向健身、娱乐、休闲的生活体育迈进；我们变革了灌输式教学方式，向探究、合作、自主的学习方式迈进；我们变革了旨在甄别的评价模式，向过程性、激励性、综合性评价迈进；我们变革了以纲为纲、以师为纲、以本为纲课程权威，向以生为本、以师为本、以校为本的教学民主迈进。这些变革，对21世纪初叶的中国学校体育以及未来的发展产生了深刻影响。历经体育课程与教学改革的顶层理论纷争与建树，佐以丰富的教学实践探索与案例，教学研究空前繁荣，实践成果百花齐放，新课程改革正朝着科学与人文相融合的教育现代化目标一路前行。

然而，前行之路，步履艰难。当我们高举“健康第一”的大旗，推出《体育与健康》新课程之际，却引发了对体育课程学科价值的认识泛化或迷茫；当我们推出以释放教师教学主观能动性、营造教学民主环境的《体育与健康课程标准》之际，却不得不面对教师们“从奴隶到将军”的知识结构与能力的断层；当我们提倡“以生为本”、强化学生的主体地位时，却引发了对本应掌控教学过程的教师主导地位的怀疑和动摇；当我们努力推崇激发学生主动、合作、探究学习的多样性举措时，却带来了有悖于体育学习规律、流于形式的套路性秀场；当我们强势推进新课程的多元目标、朝着为学生身心健康发展的理想迈进中，却不得不面对由于大一新生体能素质的羸弱和运动技能的不足所导致的指向基础教育体育新课程改革的问责。诸多问题，诸多纷争，从课程理论研究的学者，到一线的操作教师，都在思考，都在讨论，都在探索。我们是距改革的原点渐行渐远，还是朝着理想的目标渐行渐近？

其实，我们一直在朝着新课程改革的理想目标前行。人本位的理念在前行，一切为了学生，为了学生的一切，已不再是一句口号，它已经逐渐融入体育教师的教学思维和活动之中。人本位的课程在前行，突出学生主体性、为学生的现实和未来的发展而设计的体育新课程，由学科本位的实然状态向人本位的应然世界逐渐迈进。人本位的评价在前行，教师、学生、家长、社会的多元评价体系正在形成。人本位的教师发展在前行，体育教师摆脱了学科奴役，激发了主观能动性，释放了巨大能量，创造了实践繁荣。前行中，无论体育课程怎样改革，怎样变化，最终要看学生经过体育学习、经过体育教育获得了什么、发展了什么。这是评判体育课程改革的最重要的显性指标。

时值修订版《体育与健康课程标准》的颁布，对过去 12 年间我们所历经的改革实践做一回顾，对前人以总结，给后人以借鉴，这是一件有意义的事。《我们走了有多远》正是在这样的背景下面世的一部“实践判断”的倾心之作。本书饱含着人文关怀，倾注着学生为本，借鉴过程性评价的思想，通过反映学生经过体育学习的发展与变化的教学案例，从实践层面解读新课程改革的理念，在改革的理念与教学实践的对接上，提供了大量丰富、真实、鲜活的草根素材。希望本书能够为课程理论的研究者和广大一线体育教师在新课程理念与实践的对接上有所启示；为深化课程改革、为学生的身心健康发展打造优质的体育课堂，提供有益的帮助。

潘雪峰老师是一位工作在教学一线的体育老师，是一位在新课程改革的进程中脱颖而出的优秀年轻学者。在研究生学习期间，恰逢体育与健康课程改革的初始阶段，时代与环境，为他个人的成长提供了广阔的空间和开放的平台。他孜孜不倦、认真刻苦的学习与研究，造就了今天的成功和成果。潘雪峰老师个人成长的历程，也正是新课程改革的目标：造就一大批研究性、创造性、实践性均衡发展的新型体育教师。可以说，潘雪峰老师是新课程改革中涌现出的一大批优秀教师的缩影。

我愿与像潘雪峰这样的老师们一起，为体育课程的改革与发展，结伴前行。

周　　兵①

2013年1月

① 周兵，南京师范大学体育科学学院教授，体育课程教学论博士，硕士研究生导师。教育部全国高校体育教学指导委员会委员，中国高等教育学会体育专业委员会理事，江苏省高等教育学会体育研究会常务理事。

前　言

“为了每位学生的发展”，是第八次课程改革的核心理念，也是新时期教育内涵的重新定位。因为这一观念的变化，所有课程教学的定位都发生了相应变化。我们的体育课堂教学也正朝着这个方向发生着变化，可以说是极大地冲击着陈旧的课堂教学结构和秩序。这些变化也引发了一系列的理论争论、学术对话，甚至出现了“改革过头”、“偏离方向”的声音。比如在体育课程领域进行的“自主会不会变成放羊”的大讨论、“南瓜和扁担进课堂”的大批判等。可是，走出这些声音，到教学一线去走一走、看一看，情况却如此大相径庭。常态体育课总体上仍是程式化的讲解示范，学生被动地学习；自主、合作、探究更多成为公开课的应景之作；至于“南瓜和扁担”只是曾经的个案。可以说传统教学的巨大惯性深深影响着改革的深度与广度。

当然在这个进程中，也有很多课堂，成功地完成了漂亮的转身，一批思想前卫、充满生机的实践研究悄然萌芽、生长，成为引领体育课程改革的先锋。他们都经历了一个“从理念灌输到自觉行动，从茫然无措到积极尝试，从被迫适应到主动创造”的成长过程，他们既没有全盘放弃传统，也没有放弃对新理念的研究，而是兼收并蓄、恰到好处地吸收到自己的课堂中。毫不夸张地说，现实之中，部分体育教师的选择、建构能力远远超出专家的理论想象。他们对各种新理念、新思想做出了自己的判断和选择，最终积淀成自己的教学主张，成为体育课程改革进程中不可小觑的一种自我建设、自我修正的力量。可以说，体育课程改革向何处去，这个群体的“实践判断”至关重要。因为新的课程理念在实践层面的践行到底能不能实现，他们已经给出了答案。我想只要有人做到了，应该就有更多的人能够做到。至于目前我们能不能做到，别人做到了而我们却没有做到，则是需要我们审视自身的。

《人民教育》编辑部教学编辑室主任余慧娟说：

为什么中国本土经验总是难以生长出具有恒久价值的中国教育理论？

——因为我们对实践成果与教训缺乏客观的总结与梳理，缺少深入研究与科学提升。

为什么那么多被认同的理念，却变不成课堂行为？

——因为我们严重匮乏这个环节的专业思考与研究支撑。

为什么有一些争论永无休止却毫无意义？

——因为我们在根本上缺乏实践关怀。

十二年，在中国的文化中可以说是一个轮回，体育课程改革已经迈出新的步伐。我们今天的认识将被明天的见解所替代；后天，也许又一场改革将奔腾而来。但每一场改革，无论成败，都要能为下一场改革提供养料。只有这样，我们的体育课程改革才能日臻完善，趋于完美。

所以今天，我们的体育课程改革最需要的，不再是争论，不再是批判，而是实践层面的建设。提供教学案例，进行辩证思考就是这样的意图，也是一种自我期待。同时希望本书能够给广大一线体育教师以启发，让每一位读者都能够找到一条理念与实践对接的理想之路，并且用有效的教学实践推动新课程向纵深发展。

目录 contents

第一篇

教育理念更新

教育不是一个简单的操作行为，而是基于信念的行为。当新课程的理想照进现实时，我们就有了方向。我们的课堂，我们的教学也正朝着这个方向发生着变化。季浏老师说："形式上的参与，其实就是观念上的起航，对新课程在观念层面有了新的认识，这才有了行动上的参与。"

“树人”还是“造器”的选择

【案例】单思同学的变化

单思是一位非常喜欢体育运动的学生，课改前每次体育课都非常仔细认真地学习“模仿”老师的技术动作。但因为长时间反复模仿练习老师的动作而感到枯燥乏味，渐渐地失去了对体育课的兴趣。然而，在课改的大潮中，体育教师改变了以前那种单纯以传授为主的教学方法，取而代之的是引导学生以自主、探究、合作为主的学习方式，同时穿插游戏和比赛等活动来调动学生的积极性。如今的单思同学不仅更喜欢体育课了，而且还能把学习乒乓球的技术动作应用在网球的学习中，现在他正盼望下节体育课中展示自己新“创造”的动作呢！

看着单思同学“举一反三”地把乒乓球技术应用到网球的学习中，郝研老师为自己学生的变化而感到骄傲，自己也产生一种满足感和成就感。在骄傲和满足的同时，郝研老师也在思考：为什么以前自己设计的整齐有序的课，学生却不喜欢呢？为什么以往自己那么“精确”地示范动作，学生也练得那么苦，而动作却很容易遗忘，更少有“举一反三”呢？怎样才能让更多的学习发生转变呢？

——案例来源：《中国学校体育》2008 年第 2 期，作者：周登嵩等在《中国学校体育》杂志曾读过周登嵩教授这篇《“造器”还是“树人”——体育新课程改革中为什么要强调“以生为本”》，印象特别深刻，还写过读后感。文章主要通过单思同学体育学习状态的变化来谈体育教学“以生为本”，当时“郝研老师”成为我的榜样。

我想体育新课程和原有的课程相距到底有多远，更多的可能是观念和思想上的差距，体育教学是“造器”还是“树人”的过程依然是那个过程，外观上并没有太多变化，但是内涵却有了深刻的变革。

在传统的体育教学中，体育教师被认为是运动技术、技能和知识的占有者，学生则是“无知者”，被看做是“白板”，学生大脑被认为是“容器”。教师负责教，学生负责学，所谓教学就是体育教师将自己拥有的知识、技术和技能传授给学生。教学关系成为我问、你答，我讲、你听，我教、你练的“单边”活动，学生只能机械地模仿教师，复制教师讲授的内容。教是学的中心，学为教服务。学的独立性、主动性、创造性丧失了，教也走向了其反面，成为遏制学的“力量”。最终导致像单思同学以前那样——教师越教学生越不爱学。单思同学变化的原因，表面上看是由于体育教师的教学方法的改变而引起的，但分析一下这种变化的更深层次的原因，就会发现教学方法的改变，事实上反映的是教学指导思想与理念的变化，即体育教学是“树人”而不是“造器”。换句话说，是从“以教师为中心”、“以教材为中心”转变为“以生为本”的指导思想。

在“以生为本”的教育思想的影响下，体育新课程倡导以“主动参与、乐于探究、交流与合作”为主要特征的学习方式，把体育学习的主动权还给学生，让他们变被动学习为主动学习，使每个孩子都能在自己原有水平上得到最大限度的发展。

所以，我们上课前要多思考，帮助学生检视和反思自我，明白他们自己喜欢学什么，他们愿意怎么学，会遇到哪些困难，有哪些思考方法，那肯定会让学生觉得教师离他们很近，有亲和力，更有利于教学活动的开展。在教学中，我们的体育教学就应根据学生的心理需求，选择科学、合理、行之有效的教学方式，让学生喜欢体育课，让学生积极去参与，亲自感悟。体育教学过程应该成为在教师启发、指导下，让学生参与体育、体验体育的过程。在学习方法上尽量给学生以启发、诱导以及尽可能地给他们提供运用这些方法的机会，让学生参与教学的全过程，激发学生的创造性思维和学习兴趣，使他们真正成为课堂的主人。

“以学生发展为中心”是刚刚过去的十年中所有学科课程改革的基本理念之一，也是“以学生为主体”的延伸之一，其本质是教师必须把有利于学生的身心健康、体育行为(包括技能)的改善作为教学的出发点和归宿，而这个过程必须体现学生的主体性，要强调学生是学习的主人，这是“以人为本”的具体体现与最好诠释。

我们的体育课程，是基于人的课程，是基于学生全面发展的课程。从“造器”到“树人”，首先我们的教师应该要转变指导思想与教学理念，反映在教学实践中就是尊重学生的情感和需要，尊重学生的个体差异；就是能够帮助学生在体育课程的实施中习得体育知识和运动技能并获得全面成长。整个学习过程不仅是知识的传递，技能的掌握，还应该是运动情感的流淌，生活经验的积累；甚至还可以引导学生把体育学习跟自己的生活、生命、成长、发展有机联系起来，真正践行“每天锻炼一小时，健康工作五十年，幸福生活一辈子”的教育理想。

这个过程也许漫长，但是路已经在脚下。

让每个孩子做精彩的自己

【案例】《体育小比赛》

小学四年级体育综合实践活动：拔河、钻圈接力跑、串摇跳绳。以往在开展小比赛或游戏活动时，那些肥胖和个子矮小的同学往往遭到同伴的冷落，而他们内心又非常渴望和大家一起玩。本课试图在不同的活动中引导学生学会包容同伴的弱点，正视存在的差异，取得共同发展。

师：同学们，今天我们要进行三项小比赛，分别是拔河、钻圈接力跑和串摇跳绳。每项比赛各小组只能选派6位选手参加，三项比赛成绩相加决出总冠军。（教师宣布比赛规则，进行比赛，教师观察每项比赛时每组选手的不同。比赛结束，甲队2比1胜乙队，教师现场“采访”）

师：你们在拔河比赛时怎么选人的？

生：当然选块头大力气大的喽。

师：在钻圈接力跑中又有什么改变？

生：钻圈需要机灵的，速度快的，当然不会再选大胖子了。

师：那刚才做啦啦队的小个子发挥作用了。那串摇跳绳呢？

生：摇绳的必须力气大，还要配合默契才行。

师：看来大家都会“田忌赛马”了，也知道取胜的关键，而老师今天要让大家明白更重要的道理：其实我们每个人身上都有长处和短处，身体胖的同学也许不怎么灵活却有很大的力气；身材矮小的同学力气当然小，可他们身手敏捷；许多活动更需要大家相互配合才能完成。我们一方面要正确认识自己，对自己有信心，某方面不如别人不等于什么都不如别人，要学会扬长避短；另一方面，我们要学会容纳别人的不足，看到别人的长处，在互相尊重、互相包容中共同进步。（学生表示理解）

师：那我们再来一遍，这次每组所有的同学都参加，胜负不是最终目的。（学生重新比赛，场面更有趣，大家玩得非常开心）

——案例来源：http://eblog. cersp. com/userlog21/140415/archives/2007/653520. shtml

读到这篇案例的时候，脑子里面第一个反应就是想起了胡东芳老师提到的那篇加拿大的教育童话《动物学校》，故事是这样的：

很久以前，动物们决定创办一所学校，以适应日益变化的世界的需要。在这所学校里，教授一个由跑、跳、爬、游泳、飞行等科目组成的活动课程。为了便于管理，所有的动物学习所有科目。第一批学员有鸭子、兔子、松鼠、鹰以及泥鳅。

鸭子在游泳这门课上表现相当突出，甚至比他的老师还要好，可对于飞行这门课，只能勉强及格，而对跑这门课感到非常吃力。由于跑得慢，他不得不每天放学后仍留在学校里，放弃心爱的游泳以腾出时间练习跑步。他不停地练呀练呀，脚掌都磨破了，终于勉强及格。而他的游泳科目，由于长期是能够接受的，所以除鸭子本人之外没有人在乎这一点。

兔子在刚开学时在班级里是最出色的，但对飞行科目感到非常沮丧，因为老师只许他从地面上起飞，而不允许从树顶上起飞。由于他非常喜欢跳跃，并花了很多时间致力于发明一种跳跃的游戏，结果期末时爬行科目只得了一个C，跑只得了一个D。

鹰由于活泼爱动受到了老师们严格管制，在爬行课上的一次测验中，他战胜了所有的同学，第一个到达了树的顶端，但他用的是自己的方式而不是教师所教的那种方式。因此他并没有得到教师的表扬。

学期结束公布成绩，普普通通的泥鳅同学，由于游泳还马马虎虎，跑、跳、爬成绩一般，也能飞一点，因此他的成绩是班级里最高的。毕业典礼那天，他作为全体学员的唯一代表在大会上发言。

生活在草原上的许多鼠类动物没有在这所学校里读书，因为这所学校的管理者拒绝在课程里增加挖掘这一科目。为了子女的将来着想，他们把孩子送到一个商贩那里当学徒，之后又联合其他鼠类创办了一所私立学校，据说这所学校办得相当成功。

不同的教育观念，不同的出发点，不同的指导思想，必然会带来不同的教育结果。对比这两段内容，我感受到了这位体育老师的伟大，鼠类伙伴的伟大。

这位体育老师从学生的个体差异出发，根据学生不同的个性与能力安排活动，目的是使学生发现自己的存在、自己的能力，使每个学生都能成为有别于他人的独特个体，可以说在很大程度上这位体育老师是在创造一种适合学生的教育。与传统的体育教学相比较，这迈出了很大的一步。

孔子教人，各因其材。哲学常识告诉我们，世界上没有两片相同的叶子，人更是天资各异。差异教育理论指出，应该对不同的学生进行不同的帮助，使其得到不同而充分的发展；接触多元智能理论你就会知道每个人都拥有独特优势，应顺势发展。多一把标尺就能多衡量出一大批好学生，每个学生都可以做精彩的自己。

在最后用一首金子美玲的童谣来结束本段文字，也许你会有更多的遐想。

我和小鸟和铃铛

金子美玲

我就是张开双手
也一点儿在空中飞不起来
但会飞的小鸟也不能像我一样
在地面上快快地跑

我就是使劲儿地摇晃着身体
也发不出好听的声音
但叮当响着的小铃铛也不能像我一样
知道唱许许多多的歌儿哟

铃铛和小鸟，还有我
大家都不同，但大家都很棒

每个学生都可以体验成功

【案例】难忘的分腿腾跃

这是一节初中二年级男生体操复习课，课的内容是“跳箱分腿腾跃”。上课之前场上已经分别摆放了高度不等的三个器械，分别是“低山羊”、“低跳箱”、“高跳箱”，此时老师又搬来了一个黑板，并在黑板上贴上了几张纸。上课铃打响了，教师在让学生进行了准备活动和专项辅助练习之后，将学生集中到黑板前来，教师把课的跳跃学习任务划分成了四个不同的等级，依据难度递增的顺序分别是：跳人、跳山羊、跳低跳箱、跳高跳箱，学生可以根据自己的实际情况进行选择练习。

教师让每位同学分别制定两个目标。一个是初始目标（即一开始达到的目标），一个是终极目标（即课结束时要达到的目标），并让学生依次在黑板所张贴的名单上选定自己的目标。老师告诉学生，只要能完成自己的终极目标就算成功，达到最高目标（跳高跳箱）的同学，可以进行其他项目的练习（如篮球、羽毛球等）。此时，只见有的学生选择的第一目标是跳人，终极目标是跳山羊。而有的同学则一开始就选择了跳高跳箱。练习开始，学生们劲头十足。此时，有两位学生引起了老师注意。一位身材肥胖、一位身材瘦小。他们选择的第一目标是跳人（难度最低），终极目标一个是跳山羊，一个是跳低跳箱。二人显然对于跳过障碍物有所畏惧，老师着重对他们进行了指导。最后，二人顺利实现了自己的终极目标，而且那位瘦弱的同学还超额完成了目标（跳高跳箱）。在课的结束部分，老师专门表扬了这两位同学，并让他们谈了自己的心理感受。他们觉得，当自己战胜了恐惧心理后，就知道自己成功了。他们很高兴，因为他们和其他同学一样顺利实现了自己的终极目标，都是成功者。

——案例来源：毛振明，于素梅.《体育教学理论问题与案例》

这是一节非常典型的“成功教学”案例，体育教师的教学设计使得学习有困难的学生由一直以来的“失败者”变成了“成功者”，这是一种新颖的教育方式、教育形态，包含着有新意的教育思想、教育观念。

体育学习中的成功，很大程度上和先天身体素质有关。如果是传统的教学，很多的学生会在学习过程中反复遭遇失败。然而这位老师则努力为学生创造了各种体验成功的机会和条件。比如教师安排了不同难度等级的学习目标，让每位同学根据自己的实际情况进行选择。这种做法既体现了对学生的尊重，也使学习目标更贴近学生实际，毕竟学生最清楚自己的水平。在学习过程中，教师还让学生自我设置两个目标，一个是初始目标，一个是终极目标，同时教师告诉学生，只要实现了自己的终极目标，就算成功。在这里，学生通过努力就会看到自己的进步，就可以体验到成功的快乐。在最后教师让两位特殊体质的同学谈自己的感想，这是以往成功者才有的权利，这不仅仅是一次展示，更是一种奖赏，一种激励。

在这个案例中我们可以发现，新课程下的体育学习过程中也有承认学习有困难的学生，但是同其他学生一样，他们也有成功的愿望和需要。教师应对学生的成功抱有热情和期望，坚信每一个学生都能成才，并通过教育的改革，使这种可能变为现实。

我们可以发现新课程下的体育学习是根据学生实际，调整教育、教学的基本要求和进度（如实行“低起点，小步子，多活动，快反馈”的运作方式），从而使教育、教学过程具有较强的针对性、可操作性和实效性。

我们还可以发现新课程下的体育学习是从学生原有的基础出发，

发现和肯定学生的每一点进步和成功，促使学生发现自己，看到自己的力量，找到自己的不足，满怀信心地不断争取新的成功。

回望以往的体育学习，统一的运动项目，统一的学习内容，统一的学习进度，统一的评价标准，但实际上学生在能力和兴趣上的差异是很大的，千人一面的学习，显然不是所有人都能够感受学习的快乐，也不是所有人都能够看到自己的进步。这可能也是我们常常苦恼于学生不能够主动学习的重要原因之一吧。

对于那些当下处于非优状态的学生，教师更应该认识到，他们在很大程度上已经属于受害者，是由于某种教育过程或者教育方式的不当才造成了这个或者这些学生的非优，教师的责任除了不要再让他们继续受到伤害之外，还要想到如何才能使“这一朵花”也怒放出属于他自己生命的色彩。

本案例中老师为学生提供了不同层次的学习台阶，尊重学生的自我选择，尊重学生自定的学习目标，这样的学习环境为学生的个性化发展提供了选择的可能，学生也可以从眼前若干可能性中凭着明确的意志作出判断，作出取舍。记得有人说过“没有选择的教育，不讲个性的教育，充其量不过是一种训练，而不是真正的教育”。本案例就是为学生提供了可以选择的机会，其积极的意义是显而易见的。

让学生有选择的权利，让学生可以自定标准，让学生能够体验成功，这其实就是“以人为本”、“尊重学生”教学思想的一种具体体现，坚持这一个方向，我们的课程就会受到欢迎。比如体育课程标准明确指出：“学生在水平五阶段可以根据自己的条件和爱好在学校确定的范围内选择运动项目作为学习的内容，以形成运动爱好和专长，满足学生个性学习和发展的需要。”所以选项成为高中体育课程改革的亮点之一，虽然对于学生个体来说，只是让学生有了一次选择的权利，但是从教育的内涵上来说，这无疑是一个巨大的进步。

其实这样的课堂与传统的课堂相比，这些改变并没有太多的困难，关键是面对新课程所持有的态度，所采取的行动，是不是真正关注学生的发展，是不是真正落实以学生为中心的教育思想。

让每个学生享受体育的阳光

【案例】走在阳光下——给残疾学生参与运动的权利

她叫刘胜楠，是高中二年级学生，由于先天脊柱变形，她的背有些驼，身高也只有1.3米左右。身体上的残疾并没有压倒她，她参与活动的热情总是很高，比一般学生更认真、更坚强、更有毅力。

去年冬天学校举行迎奥运长跑比赛，全校学生几乎都报名参加了，学校考虑到残疾学生的健康就没要求他们报名。后来，胜楠找到我，她说："我的身体没问题，我要参加这次的迎奥运长跑活动，健康的人能做到的，我也能做到。"看到她因激动夺眶而出的泪水，我的心里难过极了。在那一瞬间，我体会到了残疾学生那颗渴望参与、渴望与他人享有同等权利、渴望被认可的心，我们有什么理由去拒绝他们呢！但在学校一再强调"安全重于泰山"的情况下，她是不会被同意参加的，怎么办？为了防止其他学生踩到她，为了她的安全考虑，我决定陪她一起跑。当我们站在起跑线后，我看到了她脸上的那份满足。在长跑的过程中我一直被她的坚强和毅力感动着，虽然只是5 000米的路程，对我们身体健康的人来说没什么，可对她来说却是艰难的跋涉。我们轻松地跑一步，她却要跑两三步，看到她吃力的样子，我有些替她担心，可她却说："没问题，我要坚持到底。"我们几乎是在整个队伍的最后面，这时我能做的就是给她加油："调整呼吸"、"摆臂"、"加油"一边陪她跑，我一边强调着。在出现"极点"时她都没有放弃，还是坚持跑完全程，冲过终点那一刻，她的整个身体扑倒在地上，她用尽了全部的力气。虽然是最后一名，但她却得到了所有师生的认可，她赢得的掌声远远超过了第一名。

后来的表彰会上，她说："在长跑中一想到赛前刘老师给我们讲的坦桑尼亚的马拉松选手阿赫瓦里的故事，我就感到浑身有用不完的劲儿，阿赫瓦里在拉伤了腿的情况下都不放弃，我又有什么理由放弃呢！我不是来听发令枪响的，我参加迎奥运长跑就是为了冲过终点，我要证明正常人能做到的，我也能行……这是对我意志和毅力的磨炼，也是我人生路上一笔宝贵的财富。感谢刘老师给我这次机会，陪我参加，给我加油……"关怀他们，帮助他们实现自己的人生理想和价值，我们义不容辞，这也是创建和谐社会的需要。我庆幸自己给了她参与运动的机会，结果并不重要，重要的是她积极参与运动、克服困难的过程。为了实现目标，她战胜了困难，战胜了自己，她是成功的，这是她在漫漫人生路上奋力拼搏、自强不息的见证。

美好的社会需要爱的存在，爱是装点学生人生的必要元素。同在一片蓝天下，同在一片家园中，让学生们同享阳光，给学生一片健康成长的天空，让他们去实现自己的人生价值吧！

——案例来源：《中国学校体育》2008 年 07 期，作者：刘荣

这是一个非常简单，却又感人的小故事。讲述了一个生理有缺陷的孩子享受到运动成功的故事。

教育公平是广大民众倾心追求的价值目标、教育理想。人生而平等，受教育是每一个人的基本权利，社会、学校、教师都应该为每一个学生提供这样的机会。例如一个身体健全的孩子进入体育课堂，他可以随意地走跑跳投，可以打篮球、踢足球，甚至还可以玩体操，尽情地享受阳光、享受激情、享受快乐。而一个身体存在缺陷的孩子根本无法做到这些。他们受到的体育教育是天差地别的。在现实的教育情境中，学生个体可能由于他的身体条件、个性特征、天赋才能的不同而

得到截然不同的教育机会。

传统的教育公平观一般采用群体性教学公平:学校负责给学生提供学习机会,学生则利用这种机会。因此,它要求学生应该扮演的是一种积极主动的角色,即只要学校提供了机会,学生就有责任自己去利用该机会,从而取得较高的成绩。反之,学生如果不能充分利用这种机会发展自己,对他来说也是公平的,因为他没有付出过。在这种情况下,统一的教学在不同条件的个人身上所得到的只能是参差不齐的发展水平,学生本身的差异成为不平等发展结果的根源,而过于统一和缺乏灵活性的课程却被认为是理所当然的。这种教学公平观在我国仍存在较大的市场,其表面上是给了每个学生均等的学习机会,但由于学生个体差异的存在,每个学生的机会在实际上是不均等的。特别是体育学习,由于遗传的原因,个体在身体发育过程中就具有显著的差别。这些差异,不仅造成身体能力发展的不平衡,也导致了个体在活动中价值取向的差别。因此统一的体育教学,实质就是忽视学生差异所造成学生发展不平等的状况。

刘胜楠同学是幸运的,在体育课程改革不断深化的进程中,老师教育观念的改变,老师的亲自陪伴,使得她有了和平常人一样的体验,有了享受这份美好的权利和机会。教师应充分尊重每个学生享有的平等的教育权利和发展机会,平等对待不同个性及不同发展水平的学生,并根据每个学生的特点采用适合其个性发展的教学方式或方法,区别对待学生之间的差异,以促进全体学生的全面发展,从而构建和谐体育课堂。

每个学生都是具有特定的智慧能力和教学需求的独特个体。美国教育家杜威强调要把儿童本身的特点作为教育教学的出发点,并把儿童个性的充分发展作为教育教学的目标。他认为发展就是学生个性和独特性的展现,教学就是为每个学生的独特发展提供充裕的空间。教育上的平等就是要为每个学生提供适合其发展的学校教育,从而充分发展他们的能力和兴趣,发挥他们的特长。为这种教育而设定的教育目的是随时可变的,即因儿童的不同而不同,随着儿童的成长或教育者的经验的丰富而变化。只有这样做才能体现学生在教学中的平等地位,才能从根本上改变教育教学的方向和意义,才能使教育目的真正指向学生的个性发展。

关注教育公平,让每一个孩子都有享受体育的权利,新课程下的体育老师在教学理念上已经有了很大的进步,今天我举的例子不是个案。在最后再附一个案例,以佐证我言非虚。

【案例】给学生插上自信的"翅膀"

每当给一年级三班上体育课或组织他们班学生参加课外体育活动时,教室窗前总有一个娇小的身影一动不动地注视着大家。这个学生的名字叫王明,他的学生时代本应是天真烂漫、无忧无虑,但却因为先天性的疾病失去了很多——小儿麻痹症使他无法像别的孩子一样蹦蹦跳跳、东奔西跑,也致使他基本不能上体育课,更不用说参加课外体育活动了。每当上体育课和开展课外体育活动时,他总是独自一人默默地站在窗前,双眼茫然地注视着操场,眼中不时流露出一缕羡慕、一缕渴望,但更多的却是一种失落、一种忧伤的眼神。每当我触及他那怯怯的目光时,心都像被针扎了一下,我总想如果我能医治他的病该多好啊!

一次室内体育课上,在我的提议下全班学生一致同意搞一个个人才艺表演,要求是每个学生必须表演一个自己拿手的节目。表演开始后,学生们争先恐后地走上台去表演,教室里充满了优美的歌声以及此起彼伏的喝彩声、掌声、欢呼声,各种声音交相呼应。正在这时,我突然发现王明神情淡然地坐着,好像班级里的一切欢声笑语根本不属于他。这时我心想,他也是班级里的一员,不能冷落了他啊!再说这不是一个树立他自信心的好机会吗?一定要抓住这个机会。我悄悄地走到他的身边,关爱地说道:"你不想给大家表演个节目吗?"

"我——我什么也不会……"他红着脸低下了头。"不可能的,你好好想想,你特别喜欢干什么?或者说你有什么特别的本领。"我问道。他想了一会儿,说道:"掰手腕行吗?""行啊!"我急忙肯定,生怕他改变主意。"那我试试吧!"当他费力地挪动双腿走向讲台时,全班的学生都不约而同地起立并为他鼓掌，雷鸣般的掌声回荡在整个教室里……

接下来的事情大大出乎我的意料，跃跃欲试的挑战者一个个败下阵来，就连班级里有名的大力士——体育委员，在经过一番脸红脖子粗的较量后，竟然也不得不低头认输了！他每赢一次教室里就爆发出一阵雷鸣般的掌声，就这样持续了好长时间，我觉得自己的手几乎都拍麻了，而他的脸色也在这掌声中一次比一次红。最后，他战胜所有对手取得了第一名，当时我兴奋地朝他做了一个握拳屈臂的动作，来赞美他很有力量。他看见后，也朝我做了一个同样的动作。从他涨红的脸庞和闪亮的眼神里，我读到了成功的喜悦、自信的力量。

——案例来源：《中国学校体育》2008 年 07 期，作者：武长河

关注儿童:体育教学的应然取向

【案例】倪晨瑾老师自我介绍：

“走进儿童世界，学会儿童语言、追随儿童眼光，了解儿童心理，启发儿童思维，关注儿童健康，呵护儿童成长”。

——案例来源：《著名特级教师教学思想录(中小学综合卷)》

这是倪晨瑾老师在《著名特级教师教学思想录(中小学综合卷)》中的自我介绍，其中最为吸引我的是她在自我介绍中多次提及“儿童”。

一般在我们的教育话语中更多的是使用“学生”的概念，在小学叫小学生，在中学叫中学生。联合国颁布的《儿童权利公约》中指出 18 岁以下的所有人都是儿童，这是一个“人意义”上的类别属性的概念，“学生”则是一个对象群体的属性概念。“用学生代替儿童”实质上是强调了对“学生”作为对象的教育，而缺失了对“儿童”作为人的阶段属性和学习者角色的尊重与关怀。倪晨瑾老师的教学走近了儿童，走进了儿童的生活，我认为这是一种教学思想或者理念上的革新。

倪晨瑾老师“走近儿童”，前提自然是老师必须保持一颗童心，要能够进入儿童的世界与儿童平等对话。倪晨瑾老师说“我们要保持一颗童心，首先要了解孩子、读懂孩子、融入孩子”。所以在她的课堂你可以看到一个大孩子身心投入地带着一群小孩子游戏、练习；在她的课堂你可以看到一个大个子老师蹲下来和孩子们促膝交流；在她的课堂你可以看到手持风车快跑、青蛙跳荷叶、蚂蚁搬家的童年美好的回忆，充满童趣的情景设计。

“融入孩子”当然不是说要把小学体育教师的思想、能力降低到孩子的水平，而是说如果我们学会点“儿童思维、儿童语言”，能够换位到儿童的角度，将更有助于我们真正理解儿童，从而更有效地引导、启发他们。倪晨瑾老师的体育教学不仅是把有利于学生的身心健康的体育行为（包括技能）的改善、体育习惯的养成作为教学的出发点和归宿，从而促使儿童从未成熟状态走向成熟状态；同时她的教学也是一个尊重儿童权利、让儿童健康成长的过程，是一个突显“儿童自我”的过程。

有人说：“儿童是一种特殊的人，特殊在于他们有自己的生活轨迹，有自己的行为模式，有自己的心理世界。”在成人既定的生活观之外，孩子眼中的世界是怎样的景致，对大多数成人而言，是很难想象的。倪晨瑾老师为了真正走进儿童的世界，经常和孩子们一起，以孩子的角度来认识世界，加强与孩子的沟通，融入他们的生活圈，呵护孩子身心健康地成长。

“游戏是儿童最正当的行为”（鲁迅），所以倪晨瑾老师结合学生的年龄阶段的特点，在教学过程中更多以游戏来承载体育技能学习，尊重儿童、激发儿童的兴趣。体育课堂充满着活力，充满着快乐，有时候孩子们甚至“得意忘形”地与老师追打一团，但倪晨瑾老师说“这些孩子把我看成他们最好的朋友”。

为了在教学中能够更快更好地引起儿童的共鸣和学习的兴趣，倪晨瑾老师在取材方面，十分注重选择与儿童生活关系最密切的素材，进行加工与改造，变成系列单元。比如将黎族文化——竹竿舞引进课堂；比如利用滑板来培养学生的平衡；比如用报纸放在胸口让学生体验快速跑；比如用废弃的塑料瓶来练习投掷；比如精心设计一个滚翻动作在生活中运用的情境，让学生从生活中找到动作的原形；比如创设情境，引导学生在面对灾难时如何进行自救。

生活的经验，游戏的载体，使得倪晨瑾老师的课堂不是简单的“完成这个动作应该先练习什么”、“这个动作应该那样做”等等的“告诉与指令”；更多的是教师从儿童的生活实际出发，把体育教学内容与学生生活经验紧密联系起来，通过自己丰富的人生经验去引导学生主动参与，直接体验，让知识内化，让学生感到“体育就在身边”、“生活到处有体育”。

就是这样，倪晨瑾老师努力坚持让她的教学“走近儿童，走进儿童生活”。她关注着儿童，研究着儿童，围绕着儿童来进行教学设计，选用教学方法，使得儿童的体育学习有趣、有效，让学生有笑声、有汗水、有收获。

其实倪晨瑾老师只是一个江苏老师的缩影，在最后你读了江苏省体育教研员孟文砚同志在江苏省第五届小学体育教师教学能手比赛预备会上的讲话（节选），也许你就会知道，在这里应该还有着一批的倪晨瑾，还有着一批关注儿童的体育老师。

孟文砚同志在江苏省第五届小学体育教师
教学能手比赛预备话上的讲话（节选）

2. 示范性。各市选出的三名选手代表着该市小学体育教学的较高水平，现在来到南京参加省比赛，群英聚会，精彩纷呈，一定能给前来观摩学习和培训研修的老师带来思考和启迪，让他们眼前一亮。选手们的示范性肯定是多方面的，我认为小学体育教学要特别重视下面三方面的示范作用。第一、要确定以人为本的价值取向，十分重视“育人”，体育课堂上的规则教育、安全教育、团队精神教育和良好的运动习惯教育十分重要，千万不能像鲍鹏山教授批评的那样，把技术专业的教育看得很高，但是却忽略了教育中最重要的一块——价值。第二、要有童心、童趣，一个不具有童心，不会用儿童语言和儿童对话与互动的小学教师是不称职的教师，这就是有的小学教师虽然学历很高，但是还没有晓庄师范毕业的中师生受小学生欢迎的道理。只有有了童心，有了和小学生平等对话的态度，有了教学的激情，才能把小学体育课上活，才能让学生快乐，才能让学生喜欢上你的课。第三、要有针对不同水平段学生年龄特点的教学方法。我们常说教无定法、贵在得法。这就要求我们不仅要充分研究教材，更要充分研究学生。比赛中每个选手总是希望更好地展示自己，这没错，但更重要的是让学生充分动起来，让学生展示自己，学生通过学练、通过体验，把所学技能展示得好，这才真正体现教师的教学功底和教学艺术。这就叫以学论教。

兴趣：学生学习最好的老师

【案例】《不同开始姿势的前滚翻》的教学

教学基本流程

1. 激趣导入

师：这节课我们继续学习前滚翻，在学习之前，请同学们和老师一起做一些模仿练习，好不好？（在音乐的伴奏下，同学们情绪高涨，时而展开双翅在空中翱翔，时而翩翩起舞，时而在冰上一展绝技，时而在水中劈波斩浪……课堂气氛异常活跃）

师：同学们模仿的动作非常认真、形象，我们一起做“冰棍、皮球”的游戏。“冰棍”、“皮球”、“皮球”……（同学们的注意力很集中，“冰棍”站得很直，“皮球”团得很紧，活动得很充分）

师：同学们都玩过“不倒翁”吧？我们再做一个“不倒翁”的游戏。（同学们在小垫子上纷纷学起了“不倒翁”，个个像个“不倒翁”那样前后摆动，课堂气氛再次活跃）

2. 规范练习

师：准备活动我们就做到这，我们已经学习了蹲撑前滚翻，下面我们就分成两个人一组练习，练习时注意动作要领以及保护与帮助的方法。（学生两人一组练习，相互帮助，相互学习，教师指导个别学生练习）

师：同学们做的非常好，下面我们一起练习俯撑前滚翻。（教师示范讲解。学生继续两人一组互帮互学，动作规范认真，但运动

兴趣明显下降，课堂气氛较沉闷）

3. 启发创新

师：同学们练习得很好，我们请两个同学上来，一个做蹲撑前滚翻，一个做俯撑前滚翻。请同学们观察一下他们的动作有什么相同与不同。（两个学生同时做）

生：老师，他们滚翻的动作是一样的，只是开始的姿势不同，一个是蹲撑，一个是俯撑。

师：同学们观察得非常好，也非常仔细，那么，请你设计一下开始姿势做前滚翻，大家有兴趣吗？（全班学生个个兴高采烈，有的两人一组，有的四人一组，设计着自己喜爱的开始姿势）

生：老师，我跪在垫上做前滚翻行吗？（老师只是微笑，不加评判，并不断地点头）

生：对，还可以把双腿分开做……

生：……尺蠖爬……

生：……双手背后……

（同学们的运动兴趣明显提高，课堂气氛再次活跃起来）

4. 展示自我

师：看样子同学们一定都自己设计了喜爱的开始姿势做前滚翻，下面请大家展示一下，比一比，看谁设计的开始姿势新颖、动作协调连贯。

（同学们热情高涨，争先恐后，个个像个体操运动员那样上来展示，鼓掌声此起彼伏）

（教师评价总结，给有代表性的设计者颁发雏鹰"创新章"）

5. 放松结束

师：同学们，课的最后让我们来跳一段舞蹈来献给……，好不好？

（在优美的音乐声中，教师和同学们跳起了自编自创的舞蹈，在欢跃的气氛中结束了本节课）

——案例来源：孟文砚、周兵，《有效的教学技能·教学问题诊断与技能提高》

“重视学生的运动兴趣是否是意味着淡化运动技能教学”这个问题一直是课程改革进程中的焦点，有人认为既然要让学生体验运动乐趣，就无需要求学生非得掌握什么运动技能，只要学生玩得痛快，获得愉快和成功的体验就可以了，体育教学不就是要培养学生的运动兴趣吗？而有人则认为，体育作为一门学科，其教学就必须让学生有效地掌握运动技能，只是快乐地玩一玩、活动活动，那不是体育教学，为了让学生掌握运动技能和发展学生的身体素质，有时候就是牺牲一些乐趣也是应该的。

应该说，让学生掌握一些有用的运动技能和让学生体验运动乐趣，都是我们所要追求的体育课程教学目标。但是，在当前的一些体育教学中，运动技能学习和体验运动乐趣，似乎有点像“鱼和熊掌”不可兼得了。

而本节体育课则给我们做出了示范。在学生掌握蹲撑前滚翻、俯撑前滚翻的基础上，让学生自己创造一些喜爱的开始姿势做练习，激发和提高运动兴趣，培养学生的创新精神和实践能力。

伟大的科学家爱因斯坦说过：“兴趣是最好的老师。”夸美纽斯说：“兴趣是创造一个欢乐和光明的教育环境的主要途径之一。”俄国文学泰斗托尔斯泰说：“成功的教学所需的不是强制，而是激发学的兴趣。”这就是说一个人一旦对某事物有了浓厚的兴趣，就会主动去求知、去探索、去实践，并在求知、探索、实践中产生愉快的情绪和体验，同时能充分发挥学生的主动性、积极性，提高教学质量。在体育技术技能教学中，改变单一枯燥的练习形式，提高学生的学习兴趣，在变化的情况下强化动作技能，促进动作的形成。灵活地运用教学方法，增加练习的趣味性，吸引学生全身心投入，这样更有利于掌握动作技能，直接影响着学生参与体育学习和活动的积极性和主动性，有助于促进学生形成坚持体育锻炼的习惯，使学生将体育活动作为自己生活中不可缺少的组成部分。

传统的体育教学过于重视运动技能的系统传授，过于强调学生对运动技能的掌握，比较忽视学生的运动兴趣，结果导致学生既没有很好地掌握运动技能，也没有激发学生参与运动的兴趣和热情。因此，体育课程应将激发和保持学生的运动兴趣放在重要的位置，学生有了运动的兴趣，才会热爱上体育课或主动参加课外体育锻炼，才能慢慢养成坚持体育锻炼的习惯，才能树立终身体育的意识。

从新课改实验开始到现在已经快十二年了，在目前的学校体育教育中，广大体育教师已充分认识到了激发学生运动兴趣的重要性，无论是教学内容的选择，还是教学方法运用，都十分关注学生的运动兴趣。教学内容的选择更加重视选择学生化、趣味性、健康价值更突出的运动项目，教学方法和教学组织形式的采用多样化，从而使学生对运动产生更加浓厚的兴趣。根据对目前中小学一线体育教师实施新课改的实际情况来看，很多教师在课堂教学中采用情境教学法、合作探究教学法、游戏教学法等，并在课堂教学中选择符合学生身心特征的内容进行教学，从而活跃了课堂教学气氛，激发了学生上体育课的兴趣。

平等:新课程下的师生关系

【案例】老师今天向你学习

这是棒球击球跑垒的新授课,按教学计划,只要能让学生了解并做出击球跑垒的动作就行了。课上,教师把男生分成两组后,简单地讲述了防守队员应该如何投球和传接球,攻方击球后应该如何逆时针跑垒踩包,提了些学练要求就让学生上场演练了。在刚开始的几个回合中,由于攻守不协调,出现了一边倒现象,没有精彩可言。一会儿,一些同学产生无聊感时,有位男生突然向教师说道:"老师,你的解释有错误。以前在体育频道上也看到过棒球比赛,就是看不懂,人家跑垒好像不是这么回事。我就知道投球和击球都有好几次机会的,好像一个是三次,一个是四次,不是现在的一次性就完,这样一点也不精彩。你说呢?"一言既出,满场哗然。

教师一时语塞,这是教学内容拓展开发的一个教材,对师生来讲,本身很有新意又有趣,大有开发的潜力。不过,对棒球的比赛方法、规则、流程,说实话,教师也没有好好研读,处于摸索阶段,"现学现卖",了解了一点就先上场了。面对学生一语中的的指责,虽然有意辩解,但也总不能不懂装懂吧。教师平静了一下,对那同学说:"你的提问很好!其实,老师也不是全才,我也是在课前刚学习怎么打棒球,今天确实准备得不够充分,所以一时也不能给你作出满意的解释。""我想能不能这样,下课后我们大家一起去查找一些资料,下一节课共同来解释这个问题。"接着,教师不失时机地给予了表扬，又说："通过刚才你的提问，老师感觉你对棒球的了解比老师还要多，今天老师和同学们就一起向你学习，我们不妨先按照你了解的来进行练习，今天老师邀请你一起带大家练！"结果，同学们一起探讨，课堂上练得十分欢快。之后的一堂课前，同学们早就在那交流学习资料，在场地上比划开来了。

——案例来源：江西教师论坛 http://bbs.jxteacher.com/showtopic—240070.html

新兴项目进入课堂，为学生带来了新的学习资源，同时也让体育教师面临新的挑战。信息时代的体育学习途径是多元的，特别是一些学生感兴趣的新兴项目，学生在掌握和获得知识上越来越占据主动，学生了解的未必就比老师少。在课堂上，学生就某个问题的不同理解向教师提出质疑的现象会越来越成为教学的常态，本节棒球课就是一个典型的例子。如何应对这种现象，就成为考量教师教学调控能力和教学应变艺术的重要标准之一。可是在传统的体育教学中，又有多少教师能够像本案例中的老师一样，放下尊严，开口向学生承认自己的"无知"，并向学生学习呢？

在教与学的关系中，教师在知识、能力、社会经验等诸多方面必须在水平和成熟程度上高于学生。同时教学认识的方向、认识的课题、认识的途径、认识的结果和质量等等，都主要取决于教师并由教师负责，所以教师的权威是需要适当维护的。

当然，任何事物都有一个"度"。如果教师的权威被过分地夸大，教师就会绝对地、无条件地居高临下，也会造成学生的"敬而远之"、"绕道走"。如果教师强迫学生接受自己的意见，就会引起学生的抵触情绪，从而导致师生关系的紧张。传统的体育教学就是一切由教师来主宰的：教学内容、教学方法、评价标准、规章制度等等都是由教师确定，学生没有选择的余地，学生成为严格意义上的受教育者。

新课程下的体育老师是进步的，没有因为师道尊严而对自己的不足避而不谈或板起面孔置之不理、不了了之或讽刺挖苦，而是以主动的沟通来唤起并换得学生的响应。教师对看似无知的勇敢承认，赢得了学生的信任，无形之中提高了教师在学生心目中的地位，也让学生看到了自己的优势，信心倍增学习探索。不难看出，现代的课堂应该建立起互为主体和平等的师生关系。

新课程下的教学中交往是一个有目的的活动过程，它是师生之间或是生生之间为了协调、沟通、达成共识、联合力量去达成某一个目的而进行的相互作用。在这个过程中要把教师和学生看成是真正意义上的“人”，即师生之间只有价值的平等，而没有高低、强弱和尊劣之分，真正形成一种平等、理解、双向的师生关系。

这种关系的形成，不仅是教育发生的背景，它本身更是具有教育意义的活动，它使教育从性质上真正成为师生共同相处的教育，更成为使学生学会建立自己与他人及外界的关系，获得从学校进入社会的知识、精神和智慧的教育。

在这种平等的、良好的师生关系中，学生既作为独立自主的、有人格尊严的人，又作为学习者积极地参与教学活动，在与教师的相互尊重、合作、信任中全面发展自己，获得成就与价值体验，并感受到人格的自主和尊严。这样才能真正表现出学生自身的主体地位特征，也只有这样，学生在学习中才能感受到自主的尊严，感受到独特性存在的价值，感受到心灵成长的愉悦。

当然，老师向学生学习是一种教育理念转变下的行为特征，但是需谨记“学高为师”，作为教师必须不断地提升自己、丰富自己、厚重自己，才有可能最大程度应对教学中的这类情况，也才能真正让学生接纳自己的“无知瞬间”和“短路时刻”。如果教师在教学过程中总是捉襟见肘，那么教师留给学生的印象只能是“无法胜任”，也就很难真正赢得学生的尊重与信任了。

鼓励:让学生找到自己的信心

【案例】一次难忘的篮球课

篮球是一项小学生非常喜欢的体育运动。记得有一次课,我给五年级学生上篮球课——原地双手胸前投篮,在我进行了讲解、示范、辅助练习之后,就让小朋友们自练。已会的小朋友可高兴了,有的争先恐后地要我看他们投篮,有的同学之间互相比试着,有的在自我尝试着,练习的积极性特别高。这时,我发现班上的女孩都呆呆地站着不练。我走过去,旁边的小男孩大声地说:"老师,她们不敢的!"接着周围的男生都哈哈大笑起来。她们都不好意思地低着头不说话。我看着她们,亲切地说:"不敢,没关系的,篮球是好朋友,你们要和它成为朋友啊!"于是,我耐心地一步一步地引导她们,教她们怎么拿住球,再教她怎么去投,并及时地鼓励道:"慢慢来,要和篮球成为'朋友',不要对这个'朋友'心存畏惧好吗?老师相信你肯定能和它成为朋友的。万事开头难,对不对?"她们听后有同学心动了,于是我又乘机说道:"朋友间要以诚相待,来,不要怕,勇敢面对。"终于大部分女同学都动起来了,去尝试着投篮了。我就及时地在旁边给她们打气:"来,由近到远、循序渐进,不要着急。",在我的激励下,她们终于都去尝试了。这时,我高兴地说:"看,你们真棒,能把球投出去了。再试试,能不能把球投进去。"在后面的练习中,她们都坚持不懈地练习直到下课,累得满头大汗。在课结束前的小结时,我在全班表扬了她们。虽然在本堂课中女同学能进球的没几个，但如果不投怎么能投进？我还是认为她们获得了很大的成功，因为她们战胜了自己的胆怯和自卑，找到了自我，找回了自信。课结束后我及时小结，说道："你们今天有了很大的进步，特别是女同学。如果每天坚持练，老师相信你们一定都能和篮球成为好朋友的，要对自己有信心！"在我的督促下，在她们自己的努力下，不过几节课的功夫，她们中绝大部分同学都差不多会投篮了。后来，女生还和男生比赛了。

从这一案例中，我理解了：对有进步的学生进行表扬，让学生了解成功的喜悦，并通过自己的努力去获得这种成功的喜悦。当学生取得成功后，因成功而产生的自信心，有利于形成追求新目标、新成绩的新动力。随着新成绩的取得，心理因素再次得到优化，从而形成发展进步的良性循环。

——案例来源：http://www.ycwsx.com/jyky/ShowArticle.asp?ArticleID=3833

著名教育学家第斯多惠说："教育的奥秘不在传授，而在激励、唤起和鼓舞。"但是在我们所受的教育中，一直是被教导要谦卑的，个性的张扬不被提倡。在学校里，如果我们说"将来我的志愿是当小丑"，我们大部分老师可能会斥责说"真是胸无大志"，很少会有老师说："愿你把欢笑带给全世界！"

世界上最容易做也是最糟糕的事情之一，就是动不动给别人提意见，挑别人的毛病。即便是小小的孩子，也不愿意被强迫和批评。我们作为老师不妨想想，我们在和学生一起的岁月里，给予了孩子多少鼓励和赞美，又给予了多少批评和指责。

我们在教学过程中，应该尽可能多地运用激励的武器，帮助学生维持良好的情绪体验，树立再创佳绩的信念；无论何时，不能讽刺、挖苦学生，防止他们形成自卑人格，产生自我否定倾向。作为教师应珍惜少年儿童心灵深处的渴望，积极创造机会，不断地让学生取得"我能行"的成功体验。成功教育，收获的必是教育的成功。

人是一种喜欢被别人爱、被别人理解的动物。心灵如玻璃般透明的学生，更需要我们的呵护与赏识。对学生来说，重要的是具有自信、自爱的精神，这种精神更多来源于老师鼓励的眼神、肯定的话语。成长需要激励，每一个孩子都希望自己是成功者，都期待着收获肯定和赞誉。我们应该根据学生的这种需求，充分发挥激励的作用，激发学生去实现这种需要的欲望，使他们产生内在动力，朝着所期望的目标努力奋斗与前进。

学会用欣赏的眼光看孩子。在他身上一定有别人不可替代的地方，有这一点就足够了。你越是欣赏他，越是让他感觉到他有力量，他就越有力量，就会活出我们所期望的精彩来。据说，有人曾经指着摆在一起的几十盆青松，要别人辨认，看哪些是真松，哪些是假松。这些青松形状、色泽一模一样，可是有人很快就辨认出了真假。问其原因，他说："这很简单，只要细看那枝叶，凡有小小虫眼的，定是真松。"这就叫"无疵不真"。

选项:为终身体育奠基

【案例】选项带来的变化

1. 学习兴趣空前高涨,教学相促效果甚佳。

备课组对《体育选项课项目表》认真审核,以尊重志愿,适当调整的原则设立了各个教学班。由于选择的老师都是各项目的资深行家,加上学生凭兴趣进来,又极有责任感和荣誉感,使得选项课从开课起就显示出极为理想的教学效果,学生从不迟到早退。相反,学生都在课间早早来到运动场、体育馆,兴奋地等候课的开始,学生们还自己购买运动器材和统一运动服装,学习热情十分高涨。

面对学生们的学习热情,各位老师既高兴又感到责任重大。排球班耿昂老师感叹:"教了三十年体育课,从来都是爱动的拼命动(指爱运动),不爱动的撵着动。开设选项课竟然能使所有的学生自觉动起来,确实改得好!"为了解决没有教材和考核标准的难题,备课组找来中师中专和大学的专项课教材,结合高中选项课的特点认真钻研,提炼精华,制定出切合我校教学实际情况的教材内容、教学计划和考核要求。各备课组教师的认真钻研教材、认真备课、认真上好每一课的"三认真"精神,也激励着学生们的学习情绪,使得选项课从一开始就步入了健康发展的轨道。

2. 教学质量明显提高,专项知识进步显著。

几年来,各位任课教师都十分满意选项课的教学质量和效果,理想的教学效果是:"教师越教越好,越好越要教;学生越学越要练，越练越要学”。教与学相互促进，良性发展的教学效应在选项课上出现了。

教学质量的提高还表现在：“技能技巧的提高促进体能增长，体能的增长又带动技能技巧的提高”。由于选项课的密度与强度都比较大，春秋时节，学生上课穿短裤短衫仍汗流浃背，即使隆冬时节，学生也脱帽解衣，轻装上阵，这样的体育课场面以往难得一见，而今课课如此。评判一堂体育课成功与否应考查是否做到以下几个方面：(1) 主动参与；(2) 合作学习；(3) 尊重差异；(4) 生动活泼；(5) 体验成功。如果从这五个方面来审视体育选项课的教学过程得到的答案是肯定的，那么，选项课应该是成功的。

在这五年中，选项课还组织了篮球、排球、足球、乒乓球的年级联赛。由于选项课的存在，使得各班组队参加的热情空前高涨，而且水平也较高。联赛如火如荼的场面，极大地感染了全校师生的情绪，也给学校的德育工作和教学工作带来了良性的影响。五年来，篮球、艺术体操选项班还组队参加了市级比赛，均获得了优良的成绩，有效地扩大了我校重视素质教育的社会影响。

——案例来源：节选自《江苏省南通中学体育新课程实施阶段性报告》

这些变化是我校选项学习后老师们的直接感觉，实质上更深层次的是由于体育选项课具有鲜明的导向性、广泛的参与性、高度的主动性、内在的凝聚性和强烈的时代性以及独特的调适和规范性，对培养学生良好的体育锻炼习惯具有重要的作用。通过体育选项课的学习和锻炼，使学生在教、学、练中掌握一定的技能，培养学生良好的体育锻炼习惯，并让学生把在体育选项课中学到的知识、方法、技能运用到课外体育活动、社会休闲健身中去，为终身体育打下基础。

20 世纪 60 年代末期，法国著名教育家保罗·朗格朗首先提出了终身教育的思想，并很快成为国际会议的议题。紧接着，前苏联的学者就提出了终身体育的观点。到 70 年代，日本和美国先后接受了这种思想，使学校体育改变了过去只追求近期效益而忽视长远利益的倾向。我国虽然接受这种思想较晚，但发展较快，终身体育教育思想的提出，意味着体育效果的周期延长。由于体育效果显示的滞后性，决定了终身体育布置的超前性。因此，学校体育教育的思想将使学校体育朝着终身体育的方向发展，即体育的“终身性”。从目前来看，终身教育已经得到人们的认可，而终身体育是终身教育的一个层面，因此，进行选项学习，培养终身体育观念已经是瓜熟蒂落。

新体育课程标准中指出：“通过学校、家庭和社区整个过程促进学生在日常生活中进行体育活动，提高学生的体力和运动能力使之能精力旺盛地生活和学习。培养学生终身爱好体育，保持增进健康并自主地进行体育活动的能力和态度，促进学生身心健康发展。”这样的要求使得更多的老师意识到，体育学习在学生获得运动技能的基础上，还要关注学生体育学习的情感、锻炼的习惯、终身体育的意识，这在以往的课堂教学中关注不够。

终身体育是一种生活方式。社会学研究者认为，生活方式是人们在一定的社会条件制约下和在一定的价值观指导下，所形成的满足自身需要的生活活动形式和行为特征的总和。概括地说，生活方式就是一个人在现实社会中的“活法”，这种“活法”与个体的早期经验有很大的关系。因此我们应该以立足当下、放眼未来的视角来进一步深入开展选项学习，着重研究选项学习在培养学生自我体育能力、自我分析与评价体育锻炼、自我组织体育生活等方面的作用。

体育教师是学生终身体育的启蒙人，肩负着让学生掌握体育理论、知识、技术、技能和学会自我锻炼的使命，是学生终身体育的直接使者。一切体育教学的改革措施，最终都要靠体育教师来贯彻、落实。因此说，一个合格的体育教师，对学生终身体育观的形成有着最直接的积极影响。

换个视角审视学生的“违纪”

【案例】“违纪”行为也为课堂教学添光彩

【案例1】移动垫球分组练习后，笔者集合学生，准备纠正错误动作，班上别的同学听到指令后，很快过来了，可还有两位学生依旧对垫得不亦乐乎。笔者又喊了几声，他们也未理睬。对这样公然的“违纪”行为，笔者感到非常生气，恨不得拿个排球砸向他们。可转念一想，这样势必会伤害他们的自尊心，影响他们学习排球的积极性。于是，笔者对同学们说：“看看他俩的表演，怎么样？垫球技术有问题吗？有哪些问题？”“成昊曲手臂了！”“葛鹏飞移动慢了！”“应该在腹前击球！”……同学们叽叽喳喳讨论开了。感觉到大家正对他们的动作评头论足时，他们才意识到违反纪律了，于是不好意思地停止垫球动作。笔者此时对同学们说：“让我们以热烈的掌声，再次欢迎成昊和葛鹏飞演示移动垫球动作，好不好？”领会到笔者此时在维护他们的尊严，在同学们的掌声中，他们认真地完成了动作。

【案例2】在进行原地正面双手头上向前掷实心球练习中，任纪华同学不按要求进行练习，将实心球当成保龄球砸向别的实心球。面对这种“违纪”行为，笔者有些生气，想对其训斥，忽然又意识到他也许想用实心球当保龄球作一次尝试。于是笔者没有责怪他，而对他的善于动脑筋给予表扬，并借此机会鼓励其他同学也尝试实心球的其他玩法。结果，意想不到的场面出现了，课堂一改刚才沉闷的气氛，一下子活跃起来。同学们有的从胯下抛、有的后抛、有的夹球跳……相互之间还模仿练习。

【案例3】技巧课上，正在进行前滚翻练习，成胜楠故意在正做动作的张滢臀部上拍了一下，导致张滢的动作失误。笔者对成胜楠的行为有些生气，考虑到直接的批评或指责会引发学生对教师的抵触情绪。于是开玩笑说："成胜楠非常有互助精神，刚才看张滢在做动作时，怕她翻不过去，着急呢，帮忙'推'了一把，但是方向偏了。这样我们给她机会，换人保护好不好？"在同学们的齐声高喊中，成胜楠涨红了脸。接下来，在笔者手把手的教导下，成胜楠很快掌握前滚翻的保护与帮助方法，并认认真真地帮助起同学来。

——案例来源：《中国学校体育》2012年第8期，作者：张烨

在课堂教学中，经常会遇到学生的"违纪"行为。体育教师常常因过多精力放在处理这些"违纪"行为而感到"头痛"，因为这些行为影响了正常的课堂组织，干扰了整堂课的连续性，使教学计划不能顺利进行。这三个案例让我感动，我想说在新课程的熏陶下，我们的体育老师在思想上真的有了很大的变化。在课程改革中，体育教师已经开始学会了换个视角看问题，运用教学策略将"违纪"行为导向课堂教学，使其服务于课堂教学，真正尊重学生，实现师生平等对话，从而提高课堂教学质量，让学生的身心得以健康、愉快的成长。

教学中，遇到学生的"违纪"行为，教师首先要控制自己的情绪，不能被学生的"违纪"行为所牵制，更不能采用粗暴的方式来对待学生，那样只会引起学生的逆反心理，甚至会出现厌恶的情绪。从理解学生的角度出发，维护他们的自尊，将其行为转化为学习资源，并因地制宜地巧用这一行为，顺势将学生的注意力转移到动作方法的教学上，从而引导学生对所学知识进行关注，通过师生间的讨论与交流，激发学生的学习动机与愿望，从而使学生主动学习，掌握所学的动作方法。

从表面上看，第二个案例虽然没有完成预设的教学目标，但却体现了教师对学生的尊重，使其产生一种自主支配学习的意识，以愉快的情

绪、积极的心态主动地进行学习，调动了他们的主观能动性，使他们真正成为课堂的主人。教学中，当学生出现“违纪”行为时，教师冷静面对，用宽容的心理解学生，从学生的真正需求出发，并将无意的“违纪”行为导向自主尝试的抛球练习。此时，学生的好奇心、探究心理也被调动起来，让他们根据自己的个人喜爱的方式参与体育活动，这样不仅增强了学生的身体素质，还为学生动作技能的形成打下良好的基础。

在平时的教学中，“违纪”行为应该说是时有发生。这就需要作为引导者的教师要有敏锐的观察能力、良好的心理素质和高超的教学技能，挖掘其行为中的教育价值，理智地对待他们，合理地将其导向德育教育。他们如此行为并无恶意，无非想引起别人的注意，表现自我。教师可以充分利用学生这一特点，抓住这一教育时机，将违纪者引导为服务者，让其成为教学上的好帮手。这样不仅可以使教学得以顺利进行，同时还可以满足这些学生自我表现的心理需求，从而培养使其具有良好的心理品质和合作精神。

理念体现在教学的全过程

【案例】水平四　初一　跨越式跳高

片段1:游戏导入课堂

师:同学们,今天我们一起来玩跳竹竿的游戏,规则是……

(学生开始按要求分组进行自主游戏)

在进行主教材教学前,执教者安排了竹竿舞作为准备活动的内容,打破以前教师统一组织学生做准备活动的教学方法,游戏选择跟教学主体内容相联系,让学生在游戏过程中不知不觉地进行热身,同时通过不同的方法跳竹竿为下面的教学做铺垫,这样能较好地调动学生的积极性,使学生自主地参与到课堂中来,较好地满足所有学生的需求,学生可以根据自己不同的需求,自选自练。

片段2:体验跨越式跳高技术

师:请同学们模仿,跟老师做上步踢腿动作。

(学生积极模仿中)

师:提高一点点难度,踢腿时支撑腿跳起来。

(学生根据教师的语言提示,开始自己摸索动作,提出问题)

(教师引导解决问题,同时提出相关问题——我们现在做的动作跟跨越式跳高有何关联)

(学生开始实践、讨论并回答)

(教师总结技术要点)

《新课程标准》倡导学生学习的过程是不断提出问题、解决问题的探索过程，并且能够针对不同的学习内容，选择接受、探索、模仿、体验等丰富多样的适合个人特点的学习方式。学生一起练习上步踢腿时总是会遇到各种问题，这时教师应该鼓励学生互帮互助，共同探讨，一起来解决问题。当学生实在无法解决时，教师应该像朋友一样的引导或者和学生一起探讨解决问题的办法。这样能较好地培养学生探究的精神，而当学生具有了探究精神，他们就会较好地进行自主学练。

片段3：自主选择跳高高度

师：（教师在用皮筋布置好的场地器材上做示范）跳高高度有八关：第一关60 cm，第二关70 cm，第三关80 cm，第四关90 cm，第五关100 cm，第六关110 cm，第七关120 cm，第八关自己设置高度。你们可以自由组合、自选高度练习跨越式跳高。

生1：张潇丹，快来，我们四人一组！

生2：我们准备过五关以上，大家加油啊，我先试跳了。

生3：耶！我跳过七关了。

生4：……

《新课程标准》要求教师关注个体差异与不同需求，确保每个学生受益。在教学过程中，教师要充分关注学生在身体条件、兴趣爱好和运动技能等方面存在的个体差异，根据差异确定学习目标和评价方法，以保证绝大多数学生能完成课程学习目标，使每一个学生都能体验学习和成功的乐趣。所以，自选跳高高度练习，改变教师以前“事事包办”的教学现象，教师只要提供8种比较安全的跳高高度就可以了，学生们会根据自己的能力合理选择高度；会根据自己的喜好，选择同伴进行跳高练习。这样能面向所有的学生，让所有的学生都参与到练习中来，都有收获，并且较好地提高学生自主学练的能力。

片段 4:异质分组比赛

师:我刚才看到你们掌握跳高的技术不错,想不想你们自己举行一个跳高比赛?

生:(齐声呼道)好!

师:请各小组选一个裁判,选一名选手,男女选手分开组织比赛。

生 1:我们商量好了,选男生杨浩同学。

生 2:我们商量好了,选女生容易赢,就选喻婕同学了。

师:你们可以准备比赛了。

生 3:好,我们的选手可以跳了……

《新课程标准》要求教师充分尊重学生的独立性,积极鼓励学生独立学习,并创造各种机会让学生独立学习,从而让学生发挥自己的独立性,培养独立学习的能力。让学生自己组织跳高比赛,就是教师充分相信学生有这种独立学习能力的一种表现。当然这也要针对中、高年级的学生而言,让中、高年级的学生按自己的方式组织比赛,可以提高学生的组织能力以及独立学习的能力,学会合作,较好地提高学生自主学练能力。

片段 5:评价

裁判 1:你已经能跳到第 5 关,不错! 接下来的学习中继续努力。

生 1:我们组的范天路圆满完成任务,发挥了自己的水平。

裁判 2:李天成,你能自己安排高度跳了,羡慕你哦!

生 2:我觉得刘潞同学比我这个男生跳得还高,太可怕了!

……

师:观看了男、女生比赛之后,我发现你们有很强的组织能力,同时参赛选手发挥的都挺不错的。裁判评判公正,没有带有感情色彩。现在老师宣布比赛结果,每个人都是赢者,因为你们只要能通过第四关,就已经能达到本节课的学习目标了,同时我也要表扬其他作为啦啦队的观众们,在选手比赛中,你们不由自主地为他们加油打气,真正地体现了团队精神。

《新课程标准》倡导“立足过程，促进发展”的课程评价，强调建立促进学生全面发展、教师不断提高和课程不断发展的评价体系，在综合评价的基础上，更关注个体的进步和多方面的发展潜能；强调建立多元主体共同参与的评价制度，重视评价的激励与改进功能。以前的教学，教师的评价就是“一言堂”；而现在教学更注重师评、生评、组评、自评。同时我们要知道体育课不是要培养学生争输赢，而是要关注每一个学生发展，重视学生在学习过程中的主体地位，注重培养学生互相鼓励、互相帮助、共同合作的精神。因此，教师引导学生不仅要关注比赛结果，还要关注学习过程中的身心体验。本节课较好地体现多种评价方式，给学生更多的成功体验。也就是这些成功体验，让学生对体育更有兴趣，让学生在不知不觉中喜欢体育，较好地养成自主学练的好习惯。

片段 6：师生交流

师：通过这堂课，你们有些什么收获、感触、体验，能跟告诉我吗？

生 1：在运动会上看同学跳高感觉挺难的，通过今天学习，感觉一点都不难。

生 2：下一次跳高比赛，我想跟男生比一比，相信我不比他们差。

生 3：今天我终于能跳过四关了，心里感到很高兴。

生 4：我下一次想当裁判，想组织其他项目的比赛。

生 5：今天学习很开心。

生 6：以为跳高都是要用跳高杆的，没想到老师今天用的是橡皮筋，我一点都不害怕会撞到腿了。

……

《新课程标准》强调教学是教与学的交往、互动，师生双方相互交流、相互沟通、相互启发、相互补充的过程。在这个过程中教师与学生分享彼此的思考、经验和知识，交流彼此的情感、体验与观念，丰富教学内容，求得新的发现，从而达到共识、共享、共进，实现教学相长和共同发展。笔者也认为师生交流是一件很重要的事，它不仅促进师生之间的感情交流，建立良好的师生关系，还让教师有机会了解学生的情感需求，反馈学生掌握知识、技能的情况，为下一次教学奠定良好的基础。也为学生自主学练奠定良好的基础。

这是完整的一节课，共分 6 个教学片段。在教学中，我们可以发现教师准备了好多种练习方法，然后让学生自己去选择练习内容，自己去发现问题，自己去解决问题，能较好地提高学生自主学练能力。"把课堂还给学生"、"把时间还给学生"、让学生有更为自由的发展空间，更为广阔的展现自我的天地，使学生真正成为学习的主人，这是实施《新课程标准》以学生发展为中心、重视学生的主体地位的课程基本理念的重要策略。要实现"教是为了最终达到不需要教"的目的，就应该给学生更多的自由，使学生的学习由外向动机向内向动机转化，从而体会自身主体地位和作用。这样才能提高学生的自主学习意识，培养学生的自主学习能力，塑造学生的主体人格，使学生的各种潜能都得以开发。教师应当从学生的自我意识、学习风格、个性发展、智力和能力、兴趣和爱好等个性因素的分析入手，采取多种策略指导教育学生。这就更加重了教师的责任，所以教师应该不断充实和提高自己，实现自身的持续发展，不断实现对自我的超越，以适应新世纪教育的需要。

这是一个完整的案例，主要是想告诉大家，新的课程理念在课堂中的运用或者体现不是单一的，是体现在课堂教学的各个环节的。我们缺少的不是理念，而是课堂教学层面的践行。可能我们要深化课程改革会遇到很多的困难，但是我们还是可以在我们的课堂上做出一些变化，让课程理念在教学中得到体现、放大、闪亮。

第二篇

课堂教学变化

成尚荣先生说："课堂，是一块凹地，所有的课程都在课堂里汇聚并得以整合；课堂，又是一块高地，所有的课程都在课堂里提升并得以实现。"所以说课堂教学是课程改革中具有实质意义的环节，课改的突破口在于改课。

为学生创设自主学习的平台

【案例】《身体变变变》教学片断

过程二:合作探究,拓展思维

师:你们看,我能用身体动作表现字母"n"(教师展示下腰成桥动作)。如果让你来表示字母"m",你会怎么做?

生:可以两个小朋友合作一起来完成的。

师:对了,合作是个好办法,大家赶快试一试,看看你们是用怎样的动作来表示的。

生:我们两个人合作,两个n,靠在一起就是m了。

师:真聪明!那我们的动作除了下腰成桥,还有用其他动作吗?向前行不行?能不能向两侧屈呢?现在就让我们合作看看你们能表示多少个字母,哪个动作又最有创意。

W:两个小朋友手拉手举起来,也有脚搭着脚坐着来完成。

K:一个小朋友站着,另一个靠着他,再把脚和手伸出去。

H:两个人面对面,再手拉着手。

师:我们的身体除了表示字母,还能表现出这些图形(△、□、☆)吗?先来观察图形的特点,线段都是直的,我们可以用哪些动作来表示直线?一个人的身体能同时表示两条线段吗?

(学生在小组内相互交流讨论、探究表现的动作,寻找解决的途径)

(教师简要归纳总结:可以用直立、体前屈、纵叉、横叉、踢腿、

侧平举等动作表示直线，体前屈双臂前伸、仰卧举腿这样的动作就能同时表示出两条线段）

（学生小组合作，尝试、选择几组动作来表现出图形）

（教师组织各小组展示学习成果，师生共同点评）

——案例来源：海门市育才小学王海霞老师课堂教学设计

在长期的体育教学中，由于体育教学自身的实践性特点，形成了“讲解—示范—练习”这样一种“被动”教学模式。学生是知识与技能的被动接受者，他们缺少自己的独立思考，思维常常受教师制约；整个教学过程往往是教师在讲、在做，学生的操作仅仅是在执行教师的指令；至于为什么这么做，只有教师能把握，学生往往只知其然，却不知其所以然。这种现象从根本上看，就是忽视体育课堂教学过程中人的因素而造成的。它使体育课堂教学缺乏乐趣，缺乏对智慧的挑战和对学生好奇心的激发，使学生主体地位的丧失和被动性无止境地延伸。

学生是教学的主体，是体育课的第一参与者，所以，教学活动都应以学生发展为中心，重视学生的主体地位。本节课为学生提供了自主学习、探究学习的平台，可以作为新课程背景下体育课堂教学的范式。在课堂教学中，教师把学习的权利还给学生，为学生提供各种外显的自主参与活动的条件，给予学生充分的学习活动自由度，让学生大胆思考，积极动手，自行获取知识，促进学生自主发展；在课堂教学中，教师不是把现成的知识、技能呈现给学生，而是创造一定的条件，让学生在做中学，在学中做，引导学生亲身参与，用自己的身体去经历，用自己的心灵去感悟；重视探究经验，把学生的个人知识、直接经验、生活世界看成重要的学习资源，鼓励学生经过探究，自己“发现”知识；在课堂学习活动中，让具有各自不同的思维方式、智力背景的学生组成学习小组，以学习小组的形式参与学习，使他们互相启发、借鉴和补充，既使每位学生在适度的范围内表现自己，又充分发挥集体的智慧。

国家中长期教育改革和发展规划纲要（2010—2020年）在20字工作方针中把“育人为本”作为教育工作的根本要求，明确提出：“以学生为主体，以教师为主导，充分发挥学生的主动性，把促进学生成长成才作为学校一切工作的出发点和落脚点；关心每个学生，促进每个学生主动地、生动活泼地发展。”我想这段文字对“谁是学习的主体”做了最为直白的回答。

建构主义认为学习是一个积极主动的建构过程，学习者不是被动地接收外在信息，而是根据先前认知结构主动地和有选择地建构当前事物的意义。知识是个人经验的合理化，个人知识的形成不是取决于客观世界的统一性，而是取决于个人通过与他人的交流和合作而形成的理解。学习者的建构是多元化的，由于事物存在复杂多样性，对事物意义的建构将是不同的。所以体育老师应该努力创造一个适宜的学习环境，使学习者能积极主动地构建他们的知识，更注重在教与学的过程中实现新旧知识的有机结合，培养学生分析问题、解决问题和创造性思维的能力。

我们在体育教学中可以看到这样的现象：在没有进行篮球教学的时候，有人就会打篮球了；学习一段时间之后发现有些没有教的动作技术，学生已经会做了；还有就是有些动作老师做不了，但是学生却能够做得很好。我想我举的例子一定不是特例，而是体育老师经常会遇到的情况。这应该引起我们很多的想象和思考。篮球没有教，他会打了；运动技术没有教，他会做了；老师做不了的，他也会做了。我们可以下结论：在没有“教”的情况下，“学”也是可以发生的。所以说学习应该是一种自我建构，当然这也是需要一些条件的，比如想学，有一定经验基础，外部给他一些帮助等。

体育课程应该是“以学生为中心”的，应该是“以学定教”的。体育课堂上呈现的是“让学”——让学生学会学习，让学生自主学习，让学生合作学习，让学生创造性地学习。有人也许会说，在“以学生为主体”的背后，紧跟的是“以教师为主导”啊！是的，教师依然是教学的主导，但是对于其中的“导”，我想最好的理解应该是“指导、引导、向导”，而不是“领导”。学习就像走一条未知的路，教师不能抱着学生走，也没有必要领着学生走，只要在关键的时候指一下路就可以了。教师是应该站在学生的身后，教会学生自己学习，指导学生自主学习、享受学习。

苏霍姆林斯基说：“人的心灵深处都有一种根深蒂固的需要，这就是希望感到自己是一个发现者、研究者、探索者。”杜威则重视教育与生活的联系，强调儿童的亲身实践和主动发展，重视儿童的兴趣经验和需要，重视创造性和个性的培养等等，这些思想对于我们体育课堂教学中指导学生进行自主学习有着积极的现实意义。

自主学习与和谐指导

【案例】水平四　8式太极拳　第五课时片段　执教者：杨浩

课的结构	学生活动	学练指导
一、学习阶段 1. 复习8式太极拳 2. 单式的强化练习	1. 在小组长的带领下，带着问题去尝试体验，同时达到热身的目的 2. 互相间注意安全，避免碰到他人 3. 对老师指出的或者是自己特别感兴趣的动作强化练习	1. 宣布本课的目标、内容及要求 3. 教师提示，学生结合图解进行组内练习 4. 教师巡回指导，适当时机集中讲解、示范 5. 观察学生是否注意动作内涵，及时点评 6. 各小组展示交流，教师点评
二、激趣阶段 1. 精华动作的进一步应用讲解 2. 变化节奏的发力演练（单式、乱序组合） 3. 反向8式太极拳	1. 学生根据教师的示范，在组长带领下进行自我学练 2. 小组内尝试变化节奏的动作，如快速的、打乱顺序的动作 3. 互相交流成功与失败的原因，并作改进 4. 积极体验动作协调发力的感觉 5. 个人尝试反向练习8式太极拳	1. 教师演示一些单式动作，讲解动作要领和注意事项 2. 巡回指导，并开出运动处方，提示学生发挥想象力 3. 对基础弱的学生，跟小组基础好的学生一起进行帮扶，找出存在的问题 4. 进行小组内的表演擂台
三、自我展现阶段 游戏：挑战	1. 各小组讨论，为其他组出一个关于本课内容的挑战项目 2. 勇于接受其他组的挑战 3. 找出他组的不足之处，提出改进方法 4. 集体创编练习	1. 指导各小组讨论 2. 对掌握稍差的小组进行辅导 3. 按挑战内容，选择性练习 4. 分组集体演示 5. 结合学生的演示与评价，并作出总结

——案例来源：孟文砚、周兵，《有效的教学技能·教学问题诊断与技能提高》

新课程呼唤学生主体地位的回归，当学生真正成为学习的主人时，教师更应充分发挥组织者、引导者与参与者的作用。既不能拒学生的经验于教学之外，简单地进行“师授生受”，也不能任由学生放任，被学生牵着走。追求教与学的有机统一，首先要精心组织，在教学中要给学生提供自主探索的空间，让他们主动参与，积极探究，充分表达自己的想法。其次是认真倾听，才可能敏锐地判断学生认识的深度，发现学生理解上的偏差。第三要巧妙引导，通过关注学生的表现，从而果断地决定在何时、以何种方式介入。

开放课堂教学空间，凸显学生主体地位，已经成为推进新一轮课程改革的重要策略之一。但缺少指导的开放，或者指导过多、过细，都不能促进学生真正的发展。唯有开放有度，并辅以恰当指导，课堂教学才不会在“开放”的旅程中迷失方向。本案例的教师指导是值得大家学习的，在指导的时机、方法、程度方面都是可圈可点的。

1. 抓住指导的时机，讲究一个“准”字

我们通过案例可以看出执教老师在整个教学过程中，对指导的时机把握得很好，比如学生在学习阶段，教师的观察与点评，能够突出有的放矢；小组展示时，教师组织学生一起点评；小组创编动作组合时，能够及时给出方法；学生创编遇到困难时，能够及时指点迷津。执教教师能够在学生最需要的时候为学生提供最合适的指导。

2. 巧用指导方法，讲究一个“巧”字

学生在学习中遇到困难的时候，老师及时介入。同时应该有的放矢，巧妙铺垫，帮助接通思路。学生在乱序组合的时候，虽然同学们已经熟悉 8 式太极拳，改变原来顺序之后，学生就对单个动作失去了具体的形象，有些茫然。在这种情况下，执教老师及时提出一个建议，让每个小组出队员每人一个动作摆好姿势，这样小组成员一目了然，有些小组成员直接把这些模特在场上排序，小组创编立刻呈现效果。

3. 把握指导分寸，讲究一个“度”字

在指导的过程中，我们说不能仅仅就是一种告诉，而是一种唤醒，这样才能促进学生更好地自主学习，要不又成了一种“灌输”了。在本节课中学生在对单式动作进行新的组合时，有些组动作顺序有了，但是却进行不下去，问题的关键在于两个动作之间的链接有时需要过渡，如果直接转换则显得生硬，不协调。这时老师就提醒同学们可以引入武术学习中的一些基本手法与步法，并结合太极的意蕴，在动作速度上进行变化来融入整套动作，学生很快就找到了窍门。

其实在开放的课堂教学，学生可能经常会不经意地出现偏离教学主线的“擦边球”，甚至是远离教学主线的“任意球”，教师应该用及时的“收”来纠正和牵引。教师还要善于在一定的时候抓住机会“打住”课中活动，因为课堂时间是有限的，“收”不住就会影响教学目标的达成。

其中，教师的指导最需要“一针见血”和“画龙点睛”的高明，既要能不露痕迹地将问题的方向、范围等巧妙界定，把学生的思路自然引向需要的轨道，又要能以此为核心发散开来，鼓励学生碰撞出智慧的火花，这样才能最大限度地体现教师的指导作用和学生的主体地位。

自主学练教学模式推介

【案例】学生自主学练教学模式结构

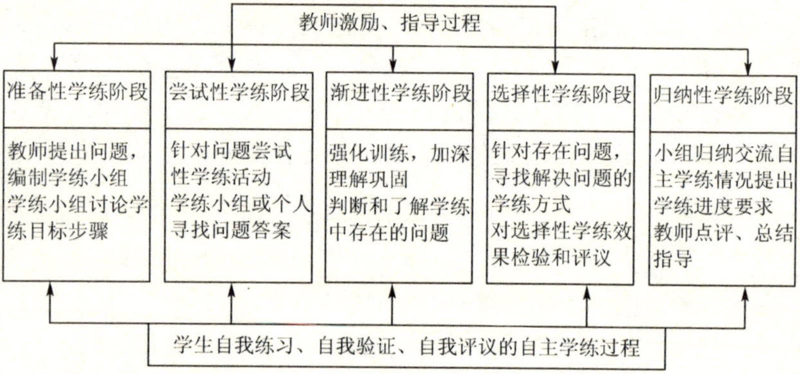

自我描述：体育教学课学生自主学练能力培养过程结构是依据系统的模型化原理，把体育课程学生自主实践能力教学进程的操作系统、步骤和结构用一种简约的逻辑关系来进行模拟、抽象并构建成体育教学的基本模式，从而为教学课学生自主学练能力教学系统的具体设计和操作提供参照的范例。教学论中，教学结构包括理论结构和实践结构两方面，理论意义上的结构是指教师、学生、教材这三个基本要素的组合关系。实践意义上的教学结构包括纵横两方面，纵向结构是指教学过程中各阶段、环节、步骤之间的相互联系，表现为一定的程序；横向结构则是指构成现实教学活动各要素即教学内容、教学目标、教学手段、教学方法等因素的相互联系，表现为影响教学目标达成的诸要素在一定时空结构内或某一教学环节中的组合方式。

培养中学生体育学习自主实践能力，旨在优化体育教学过程、实施主体性教学，引导学生积极主动参与学习过程，学会学练的方法，使他们成为真正的学习主体。对此，改革传统的教师主宰课堂的教学、学生学习的主体地位，设计充分体现学生自主学练的体育课程的教学过程结构，是培养学生自主实践能力的有效途径。

——案例来源：倪胜勇，《体育教学自主学练模式的研究成果集》

这是一项课题研究的成果，也是让更多一线老师拿来就用的教学模式之一。

尽管传统的体育教学都强调学生是学习的主人，强调培养学生的积极性、主动性和创造性，但一般强调的只是学生接受知识、技能的自觉性，教师把学生当成教学的客体，而非自我活动、自我教育和自我发展的人。事实上，学生变成了教师的仆人、知识的奴隶，体育教师关注的是他们教学的主体性价值，而非主体性的教学目标和主体性的教学实践。故而，他们强调的学生主体仍摆脱不了教师中心论的阴影，也无法把学生培养成不断发展的整体统一的人。

体育课程学生自主实践能力教学模式明确倡导在教学活动中确立与重视学生的主体地位，着眼于学生自主实践能力的提高。培养学生自主实践能力体现了体育课程实施主体性教学的思想。主体性教学就是要求教师把教学活动组织成一个在教师激励与指导下学生自主学习的互动过程，核心问题是要尽量让学生自主学习。体育课堂教学中，学生和教师都应是教学的主体。学生是教学的主体是指学生是教学活动积极能动的参与者，积极主动地进行学会认识和学会实践活动的主体，让学生真正成为教学的主体不仅指教学目标是为了增进学生的主体性，即让学生变得更聪明、更有精神，具有适应社会的心理素质和体能，成为社会主义事业的合格的建设者和接班人，更是指教学过程是随学习内部矛盾展开的、学生自我教育和自我活动的过程。因此，教学过程中，教师的主导作用归根到底是为了激发学生内在的学习欲望和要求，帮助学生实现从“要我学”到“我要学”，从被动到主动的转变，引导、指导学生学习，提高学生的主体能力。在此前提下，学生才能在学习知识、掌握技能的过程中学会学习，逐步完善人格，为他们自身的发展及适应未来社会的发展奠定基础。

布鲁纳的发现学习教学告诉我们，教学不是直接提供内容给学习者，只为学习者提供有关的线索，让学生成为“发现者”，从方法、内容和目标上说，发现学习是培养探究思维能力的学习。自主实践能力教学模式汲取了发现学习教学的精华，鼓励学生主动探究，加深对教材内涵的理解与把握，从而进一步把知识、技术技能方法转化为活动的能力，即把抽象化的、凝固化的认知结构改变为灵活的、动力性的认知结构。应该说，发现教学模式为体育教学的开展奠定了方法学的基础。

苏格拉底说教育是点燃火焰。从这个意义上说教育的本质不仅仅就是一种告诉，而是一种唤醒，这样才能促进学生更好地学习。

共赢:没有败者的学习

【案例】“合作排球”的教学片段

学习体验	持久排球	进行持久排球比赛,注重体验比赛过程中相互配合,取得共同胜利的感觉	6人一队,两队进行比赛 小组轮换比赛,不断创造记录	讲解持久排球赛的动作方法。比赛方法同正式比赛雷同,只是比赛过程中,必须每球三次过网,计分以双方比赛相持的时间来计算。提示相互观察分析和针对性练习的方法	能与同伴相互配合,并给予比赛的对方好球,让对方好接球
	模糊排球	进行模糊排球比赛 比赛计分实行每球得分制。15分一局,得分属于场地。发球权只属于人数多的场地	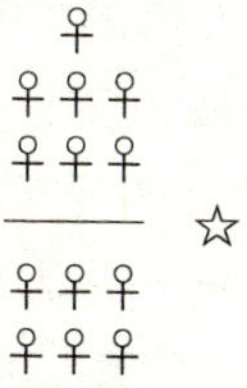 小组轮换练习	提示比赛的规则和方法。学生分成两队,一队7人一队6人,比赛时7人的队先发球,发球队员发球后立刻从场外绕到对方场地参加比赛。比赛中,每方最后一名击球队员应在击球后迅速从网下钻到对方场地继续参加比赛	在比赛过程中,体现强烈的团队精神

——案例来源:潘雪峰的课堂教学设计

排球是学生比较喜欢的集体运动项目，在学校得到普遍开展。但是由于比赛的结果往往是一方“死”一方“活”，经常会出现运动的失望者和运动的讨厌者。本节课虽然仍采取比赛的形式，但却不以比赛成绩而分胜负。对排球运动规则的小小变化，使之变形成为一种“共赢”的新运动。把纯粹的竞争变为双方的协同，多给对方创造机会。

传统体育教学中竞技运动思想的引入，现实结果是，在产生竞争优胜者的同时，也会产生更多的失败者、落伍者。学生由于知识结构的单一以及社会经验的缺乏再加上本身心理发展的不成熟，对事物的判断标准较简单、极端，多通过同伴来衡量自己。特别是低年龄段学生在体育竞赛中，对成功的判断标准更多是与同伴之间直观的比赛成绩。但是在学生群体中，由于身体素质等各方面的个体差异注定了运动成绩的不同。无论学生本身的运动能力是否卓越，在集体竞争中，一定会出现直观的相对水平。竞争的最后只能产生一两个优胜者，剩下的学生都被划分到失败者的范畴。胜利与喜悦只属于少数的学生，竞争性运动更多产生的是失落的冠军陪伴者。独立自评能力差的学生，会将名次及成绩作为评价自己的直接依据，进而认为自己不如班里其他同学优秀，从而产生自卑感，对其身心发展造成不利的影响。此种失败会在一些学生的内心造成失落的情感结果。学生或由于自卑造成自我否定从而远离体育活动；或由于自身身体素质难以适应较高难度、较大强度的运动形式而产生了对运动的厌恶。这样一来，体育课培养了一批体育潜在的“敌人”，使一些人远离了体育课堂。

合作排球“去竞争化”的设计让每个参与者聚焦于运动本身，而非运动的结果，全身投入更像游戏的体育活动中去。同时合作排球的设计积极提倡比赛者之间的团结和协作，让学生之间形成良好的同伴关系。在体育运动中和同伴之间的互动交流往往使学生得到心理的满足，学生会更加愿意投入到体育课堂中的体育运动中来。

没有主体性的发挥，就根本不会有成功可言。学生是教育活动的积极参与者，根据学生学习的客观规律，引导学生积极思考和独立活动，帮助学生获得成功。合作排球设计的基本思想就是相信每一个学生都有成功的潜能和愿望，都可以取得成功。本课为学生提供了友爱、合作的交往方式，在保留体育教育教学竞争的同时，应当想方设法使每一个运动参加者都能获得成功的心理体验，让学生始终享有对自身价值充分肯定和认可的感受。从而把体育教育、教学过程纳入了“教师帮助学生成功、学生尝试成功、到学生自己争取成功”的良性发展轨道。

合作:团队的力量铸就成功

【案例】水平四　集体合作跑

学习目标:与他人合作共同完成体育活动任务。

学习步骤:

1. 教师讲解。

练习的基本形式是以小组为单位的各种合作跑。

2. 第一次练习

各小组分成甲乙两队,各成一路纵队,轮流练习。甲队练习时乙队帮助,用绳将参加者的左、右脚分别捆绑在一起。甲队每人双手扶在前面人肩上(领头第一人除外),各组甲队同时出发,看哪队能先“跑”完半个篮球场。

甲乙两队互换位置,继续练习。

3. 第二次练习

分组方法同前,但换成横队。甲队练习时乙队帮助,用绳将参加者相邻两脚捆绑在一起。各队队员可以用手相互搭在肩上,同时出发,看哪队最先“跑”完规定距离(约 20 m)。

4. 第三次练习——“开火车”(变异一,由“跑”转成“跳”)

各小组成一路纵队。小组的每一个参与者,右手扶在前面人的右肩膀上,左脚向前直腿抬起,前面人用左手接住后面人的左腿,成一路纵队单脚站立姿势。听口令后出发,必须保持队伍的整齐,坚持“跳”完规定距离(半个球场)。

5. 第四次练习(变异二)

同上练习,各小组全体蹲立,两手扶住前面人的腰,听口令后出发,采取集体同节奏的蹲跳方式,行进距离约 12~15 m。

6. 小组讨论:成功的关键是什么?(合作、默契、协同、节奏、速度……)。

——案例来源:《体育教学》2010 年第 3 期,作者:潘雪峰

本案例是一堂体能发展课。其实体能课一直是学生比较感冒的内容,如果仅仅让学生以个人为单位来进行上述内容的学习,学生也会感觉无趣。通过上面的设计我们可以看出,借助小组学习的形式,发展学生的灵敏性与协调性,增强了学生的合作意识。在教学过程中,每个学生都参与活动,而且在活动中占据一个同等重要的位置,担负着同样的任务,最后能体现出同样的价值。就这一点而论,该活动的意义远远超过学生跑 100 米的练习。因为 100 米跑的最终胜利者是一个人,而其他参与者都是以失败而告终的。然而,当一个孩子在参与了合作跑的全过程之后,他就会感受到集体的作用和自己在集体中的价值。

合作不仅仅是形式,在新课程改革的进程中,改革的一个重点,就是改变学生的学习方式。自《新课程标准》中提出"积极倡导自主、合作、探究的学习方式"的教育教学理念后,"小组合作探究学习"这一新的教学形式,便改变了占垄断地位的传统班级教学方式,成为绝大多数教师教学过程中常用的方法。"小组合作"学习也成为我们学生进行自主、探究学习的一种重要的学习方式之一,它是在教师的主导下,群体研讨、协作交流、知识技能互补的一种学习方式。实际上,合作学习不仅仅是为了学习,而且更重要的是要培养学生的一种合作意识,让他们意识到小组中的每一个人都是学习伙伴,都是合作者,同时还要培养学生的一种团队精神,让学生通过小组成员之间的相互帮助、合作、分享,感受到集体的力量,团队的力量。

群体动力的研究为小组合作学习提供了重要的理论基础。"群体

动力”认为小组学习时，小组内部可以产生一种“能源”。这种“能源”使得具有不同的智慧水平、思维方式、知识结构、认知风格的成员可以互补。同时，协作的小组合作学习，有利于学习者自尊、自重情感的产生。从群体动力的角度来看，当所有的人聚在一起为了一个共同目标而工作和学习的时候，靠的是相互团结的力量。相互依靠为个人提供了动力，使他们互勉、互助和互爱，互通有无，互相讨论，这样就会产生群体动力，促使小组成员更加有效地学习。

在提倡学生主体地位的当下，学习需要真正的合作与对话，学会沟通、学会倾听，小组成员之间彼此理解、彼此支持、共同分享，可以极大地减少由于孤立而导致的个人主义行为，也会通过合作走向真正的成功。

让小组合作学习成为体育课堂的主流

【案例】直腿后滚翻

(1) 组成直腿后滚翻学习小组。根据班级的人数与场地器材情况将学生分成 6 个异质小组。学生自主选择组长，自主分配角色。

(2) 体育教师向学生讲清直腿后滚翻的学习目标和计划。各小组根据教师的要求将目标具体化，制定小组和个人的目标，并依据目标制订小组与个人的学习计划。

(3) 教师对全班进行清直腿后滚翻讲解和教授，并以全班练习和小组练习的形式让学生熟练技术。

(4) 分小组进行学习。各小组根据本组的学习目标和组内同学的情况进行有针对性的组内自主练习，同学们相互帮助，以共同研究、共同讨论的学习方式，互相观察与分析，教师进行巡回观察，不时给予指点，并提供必要的学习建议，保证处在教学的安全环境中。

(5) 课堂小结。每个小组总结本组学习成功的经验与不成功的教训，提出改进的地方，讨论如何进行下一阶段的学习，最后教师进行全面总结。

——案例来源：孟文砚、周兵，《有效的教学技能：教学问题诊断与技能提高》

在班级授课制视野下，主要采取舞台式教学组织形式，主要特征如下：其一，课堂教学以教师为中心，是教师“我对你”的讲授、指导和管理形式；其二，在师生关系上是单向的或双向的、“上对下”的封闭式关系；其三，在教学关系上是“一对多”的大一统的教学方式；其四，课堂逐步变成一种“官本位”，教师往往像“领导”，学生学习逐渐变得被动，最终导致的结果是课堂教学失真，甚至低效。在这种教学组织形式下培养出来的学生往往不会合作，善于单打独斗，即使是能够考出高分，也还是缺乏创新思维、终身学习意识和创造能力。

本案例则是打破了这种常规做法，通过开展以异质小组合作形式的直腿后滚翻学习，学生不仅学习与掌握了直腿后滚翻技术，而且提高了学生的合作与协同意识，增进了同学之间的友谊，加强了学生自发、自主学习行为的养成，有助于学生养成良好的社会行为习惯。同时，在体育学习过程中，为学生积极参与学习活动提供了空间，学生成为了学习活动的主角，而不再是被动地接受知识的对象，同时发挥了体育骨干带头作用，形成了小组协同学习的氛围，有效提高了体育学习的效益。

实质上在体操教学中，合作是最常见、最有效的学习方式学生，不仅在于保护与帮助是可以相互合作，而且可以让学生分担不同的角色，承担不同的任务。以上提供的这个案例还不能算上真正的教学案例，合作学习的细节还不是很清晰，但是这一定是一个比较合适的合作学习的流程，在某一个环节应该要做什么，可以为学生提供什么体现得还是比较明显的。其实，合作学习是当代国际教育改革背景下的一种新潮流和新思维，是一种富有创意和实效的教学策略，是新一轮基础教育课程改革所提倡的学习方式之一，它主要是改变旧有的单一的接受式学习模式，倡导主动参与、勤于动手、乐于探究、合作交流的新型学习方式。面对这样的要求，要让学生可以通过合作学习的方式，让学生在合作中学会技能，在合作中学会合作，学会给他人创造机会，培养人际交往品质与能力。这就需要教师为学生提供一个可以合作的学习平台。

小组合作学习方式是人类社会发展、教育进步的表现，也是今后课堂教学改革与发展的必然趋势。小组合作学习的课堂呈现了以下特征：一是师生之间、生生之间、小组之间能建立起双向或者多元的对话关系，通过多元对话来解决问题，实现学习目标；二是在物质环境、精神关系上呈现开放、民主、合作的人文关系，能营造出自主、温馨的学习氛围；三是能促进合作与师生关系的和谐，教师与学生之间是学习共同体中的"平等"关系；四是在学习方式上以平等、互助的团队学习为基础，开展自主合作探究学习。小组合作学习课堂教学所追求的是真实、高效的合作学习，促进师生共同成长。

小组合作学习在课堂教学改革中具有举足轻重的重要地位，它绝非只是教室里桌椅摆放形式的改变，而是对舞台式教学组织形式的超越；它不仅能推动教学方式的转型，更是在改变人才的培养模式；它不仅是课堂教学文化的变革，更是改变课堂教学的内涵性"基因"。主要体现以下几点：

建立精神家园。建立合作学习机制，搭建合作学习平台，把小组建设成充满温馨的学习之家。教师鼓励他们合作学习，相互帮助，相互成长，创建民主、自主、和谐的合作学习氛围，这有助于学生之间相互信赖、相互支持与相互促进。通过各小组的共同努力，使整个班级都变成温馨的学习"大家庭"，经历过小组合作学习的学生，更容易养成尊重他人、会交往合作和开朗的性格。

丰富学生情感。在小组合作学习中，学生在组内自由交流、大胆对话，不仅可以解决学习上的困惑和问题，而且，也可以把自己情绪的变化、交往的困难以及师生之间难以沟通的事情与其他同学交流。这样，情绪得到释放，想法得到交流，道理得以明了。在以往的传递型课堂上，学生之间讲话，往往被认为是"捣乱"、"干扰"或"小动作"。在小组合作学习中，为实现小组学习目标，为解决小组生成问题，学生之间建立对话关系，不仅在单位时间内解决了问题，又增进了同学的友谊，促进了学生的情感发展。

提高学业成就。"合作精神让一个班级变得更加团结，变成一个温馨而且令人向往的地方。当学生喜欢自己的班级时,他们会学得更多”。这句话非常有道理,当学生有了合作精神,班级变得团结,学生都喜欢集体,就自然而然喜欢学习。如果学生从心理上恐惧和厌恶班级,他们就想远离、逃避班级和教师。小组合作学习是一种共同愿景和共同目标的学习,组内成员各负其责,人人都是学科学习的组织者和协调者,为实现学科学习任务,人人都要担负起责任和义务。在组内自然要形成相互信赖、相互帮助、相互评价、相互促进的学习风气。于是,在成员的鼓励和指导下,人人都喜欢学习,人人学会合作学习,在单位时间内通过合作使问题得以解决。久而久之,学生之间的差异会逐步缩小,学业成绩就会大面积提高。

培养社会交往能力。小组合作学习使整个班级教学、班级管理、班级文化发生重大变化。为了实现班级的学习目标,各组间都要自觉、主动交往和合作,培养了学生的社会交往能力,如组间的展示交流,使人人都能够展示自己的学习成果,学生的表达能力、沟通能力、思考能力、思辨能力都会得到提高。小组合作学习方式让学生学会了合作交往,为学生成人后的社会化能力奠定了社会和心理基础。

小组互助：合作的一种具体形式

【案例】《“拔河”的拓展》教学流程设计

程序	目标	内容	要求
程序1：热身 + 引导练习	目标：让身体和心情进入课堂状态	内容：手、肩、腰、膝、踝关节准备 两种徒手拔河	要求：动作整齐、活动各关节 感受徒手拔河时身体的感觉
程序2：尝试平衡拔河	目标：掌握拔河的基本方法 感受平衡拔河时的控制用力	内容：学生分成两大组进行平衡拔河的体验（见图1）	要求：小组长合理安排人员 注重拔河的纵向用力，体验平衡拔河时控制用力的感觉
程序3：拔河取物	目标：组员之间能够相互合作，共同完成任务	内容：小组成员，相互配合，利用拔河绳取出限制区中的物体送到指定的区域	要求：所有参与者都不能接触两根线之间的限制区地面
程序4：进退拔河	目标：组员之间能够互助学习，共同完成任务体验进退拔河时用力的均衡	内容：利用进退拔河，让学生把自己身上的标志贴在足球门上（见图2）	要求：注意观察，及时变化进退的位置，主动适应爬绳同伴的要求
程序5：平衡深度体验	目标：组员之间能够相互协作，做出多组平衡动作	内容：利用拔河绳做出组合平衡练习（见图3）	要求：加强沟通，不断调整身体姿态以达到平衡状态

图1

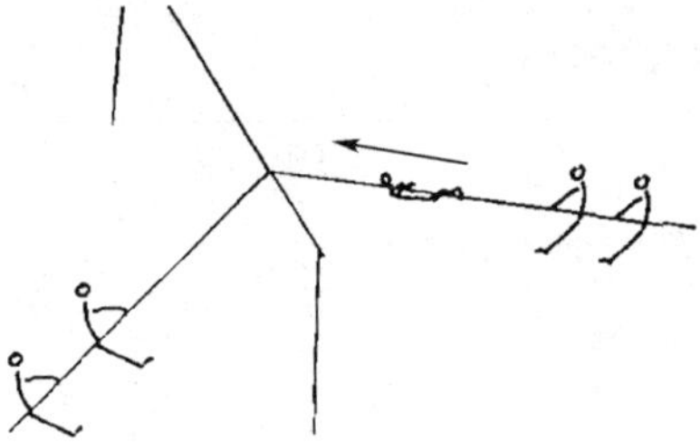

图2

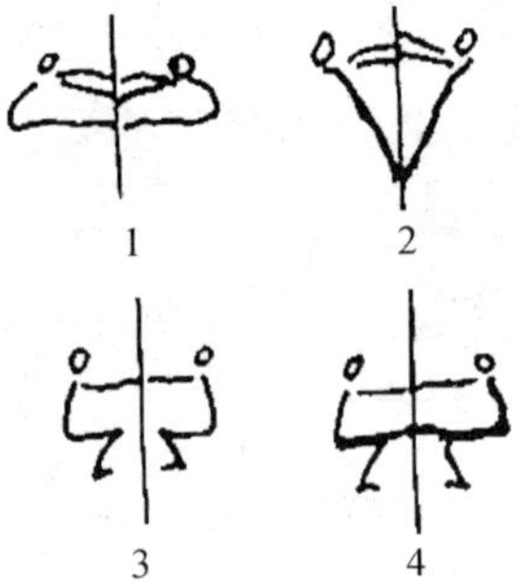

图3

——案例来源：潘雪峰的课堂教学设计

本课旨在发展学生力量素质。在以往的教学中，对于力量的发展，老师更多的是采用负重、俯卧撑、引体向上等一类的手段来进行，但是这样的形式比较枯燥，而且更多的是个体行为，不能很好地激发学生学习的动力。本课采用拔河，一是可以更为接近学生已有的生活经验；二是作为集体项目，学生参与度比较高，练习的时间也比较长，练习的强度和密度会比较大，锻炼效果会更好一些。

在教学中我们可以发现，拔河在本节课中发生了变化，把以往形式单一、动作结构简单的竞赛拔河转变成了平衡拔河，并以此形式来共同完成一定的任务，练习的结果也从双方你死我活的竞争走向了合作，走向了共赢。

学习方式的变化是新课程的重要举措之一，本课以集体练习为载体，在发展学生力量素质的基础上，在学习方式上以“互助”为主题，制定了共同的互助学练目标，设计了互助练习的形式，旨在建立同学相互尊重的互信关系，便于同伴之间顺利完成任务。

互助学习作为一个有生命的学习系统，能够有意识地组织自己来促进其所有成员的学习，在系统内部通过协商对话而完成自身的构建任务。我们相信，学生需要真正的互助与对话，没有互助、合作之心是很难取得真正的成功的。学会沟通、学会倾听，小组成员之间彼此理解、彼此支持、共同分享，可以极大地减少由于孤立而导致的个人主义行为。

互助学习小组强调平等、开放、包容和互动。学生应尽可能多地进行知识、经验的分享和互动，这种分享和互动能促使学生感到自己团队的精神、自信心，并从其他同学的学习经历、学习经验中汲取富有价值的替代性经验，从而提升自己的学习品质。

因此，为了提高教师的教学能力，促进学生进行主动学习，就必须保障相互共享经验的机会。如图 4 所示，学生必须与小组成员在一起。

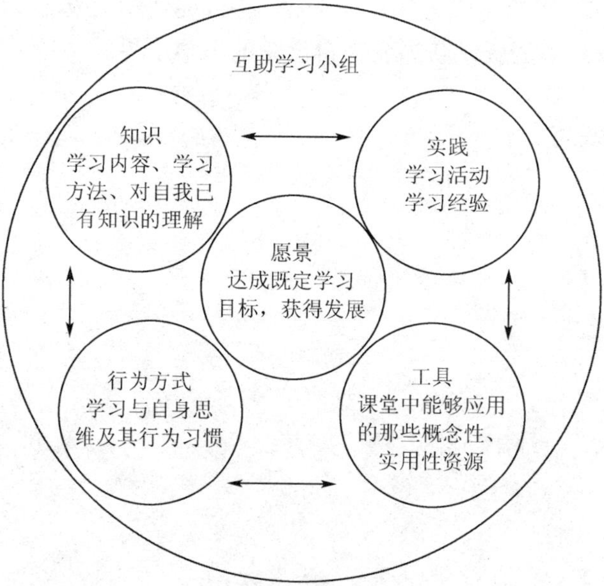

图 4　互助学习小组构成示意图

在互助学习小组的建构中，我们可以看出，对学生的角色有了明确的要求。要求学生从“被动接受者”转型为“主动学习者”，要能够立足于观察与经验的反思，进行创造性的学习；同时互助学习小组作为一个学习空间，在这里，学生有着共同的学习目标，每个学生并不仅是孤立发展的存在，更是在“团队”中的发展。总之，这是一种“人们相互学习、一起成长、心心相印的公共空间的改革”。概括说来，互助学习小组的形成，意味着“面向全体”与“个性发展”并举，学生的全面发展则成为了一个不断超越自我的过程。

新课程下的课堂教学，需要教师以学生发展为本，努力营造和谐、平等和民主的课堂教学氛围，调动学生学习的积极性和主动性，让学生在愉悦的心境中学习自己感兴趣的知识和技能。教师要努力实现由绝对的教学权威向教学指导者、互助伙伴的角色转变，成为学生学习的参与者和促进者，彻底从传统教学的师生关系的对立和冲突中解放出来，促进学生主体角色的形成，促进学生自主学习，实现自我健身能力的提高，使学生成为课堂学习的主人，促使学生从被动学变为主动学，由强制学的厌学状态变为自己学的乐学境界。

教学不仅仅是告诉

【案例】乒乓的旋转

“同学们，这节课让我们来了解旋转。”

“旋转”两字刚出口，学生们一阵波动。

“旋转好难啊，我不会击旋转球……”

“我一接旋转球，球就不知道飞到哪儿去了……”

“我会下旋球……”

“我会侧旋球……”

“干吗要学旋转球，我打平击球一样锻炼……”

各种议论铺天盖地。

“是的，”我说道，“旋转是乒乓球较难的一项技术，但通过学习‘旋转球’，你们不仅能了解到它的奥妙，更能锻炼你们的观察、反应、判断能力，更能发展你们的技术水平，更能提高你们知难而进、敢于探索的勇气和意志。”

同学们安静了。

接着我问道：“当作用力不通过球的中心，球会发生什么变化呢？”

同学们说：“高中物理学过，这样就会有力臂，就会有力矩，球会产生旋转。”

“好，同学们，你们现在就去体验拍形前倾或后仰击球或击球的侧部，乒乓球会有什么变化。”

同学们活跃了，争先恐后地去练习。通过练习，同学们喜形于色纷纷打招呼告诉我，“我发出了下旋球”“我击出了侧旋球”……

这时我又通过讲解示范，引导他们去发现怎样的挥拍轨迹和击球力量会产生更强烈的旋转，怎样的练习方法更有利于他们掌握“旋转”的技能。学生们又是一阵积极的练习。一堂课就在学生们愉快的气氛中结束。

在课后的小结中我这样写道：本次课的长处在于通过学生对物理学习中已有的“旋转”知识的迁移，引起学生的共鸣。通过他们的体验，了解掌握旋转的规律、技能；又通过不断的发现与体验，使他们找到哪种旋转适合自己学习，哪种练习方法适合自己学习旋转等。在这里我不是规定他们学这个、学那个、要怎么练，而是通过他们的体验调动他们的学习积极性，发挥他们的主观能动性，满足他们自主学习的愿望，进而激发他们学习的积极性和自觉性。这种共鸣、体验、发现式教法发展了学生们的思维，培养了他们的学习能力，不失为一种好的教学方法。

——案例来源：谭华，《高中体育选项教学探索与实践》

传统的体育学习观认为体育学习过程是体育教师呈现、组织和传递体育知识技能的过程，学生的任务就是尽可能多地接受教师传授的知识。现代体育学习观认为体育学习是学生主动的、有目标的过程。“建构知识”的意涵是：“知识”不能简单地移植，不能简单地“授—受”，而必须经历一个学习个体的自主建构的过程。皮亚杰认为：“儿童并不只受教于成人，而且自己独立进行学习。儿童是主动的学习者，真正的学习并不是由教师传授给儿童，而是出自儿童本身。”学生总是以其自身的体育经验，包括正规学习前的非正规体育学习经验和日常概念建构新的体育知识与技能。日常的经验告诉我们学生其实不是一块白板，任老师书画；不是一个容器，任老师灌输。

梳理本案例，可以发现整个学习过程可以分为以下几个阶段：① 教师首先指出问题或创设问题的情境，使学生产生疑难和矛盾，带着问题去探索。② 学生通过反复练习，去发现动作的原理并探索正确方法。③ 组织学生讨论，通过个体的实践验证发表不同见解，展开争辩。④ 教师与学生共同总结归纳动作的技术原理和方法，得出正确的结论。⑤ 建立正确的技术概念，在实践中去运用原理与方法以便巩固和提高。

实质上提供这样一个案例，只是想告诉大家，教学不仅仅是一种告诉，知识的传递不仅仅只有一条途径。本案例所呈现的教学过程充分突出了学生的主体地位，发挥了学生主动学习的积极性，通过问题激发学生学习兴趣，利用学生已有的经验和知识，引导学生到实践中去探索，对学生思维的开发和创新意识和能力的培养是一种有效途径，同时也提高了学生体育学习的认知能力，达到学得深、学得透的效果。

大家很熟悉一句话：“教学有法，教无定法”。体育课的教学方法也不可能只是一种，我们现在对课堂教学的讨论，不是来打破一种传统的方法来构造一种崭新的、完美无缺的教学方法，不是要用一种新的固定不变的套路，去取代原来固定不变的套路，关键是要我们转变观念，转变自己在课堂上的角色，使我们的课堂教学有利于学生的健康发展，有利于课堂教学目标的实现，这才是我们所期盼的。

探究:改变知识传递的方式

【案例】四年级摸线往返跑教学案例

一、情境导入

师:春节期间,很多同学都放过或者看到过别人放烟花,下面我们来做一个放烟花游戏好不好?

生:好!

师:烟花属于易燃易爆品,所以放烟花有一定的危险性,点放人员既要高度集中注意力,又要做到点燃烟花以后迅速撤离。下面大家根据自己经历的或者见过的放烟花情景,相互交流一下放烟花应该怎样保证安全。

(学生情绪高涨,相互谈论放烟花情景,特别是亲自放过烟花的学生手舞足蹈地夸口自己的勇气和胆量)

师:我们现在就来模仿点放烟花。(讲解点烟花游戏的方法)我们现在所在的地方为安全区,离我们15米远的地上有一个粉笔画着的白框,我们将它看成是烟花。听老师口令后第一组同学跑出,以手触碰与自己对应的白框为点燃烟花,然后迅速撤回到安全区。

(学生在教师组织下练习一次)

(教学意图:点放烟花与摸线往返跑在动作形式上有相似之处。借点放烟花游戏,既激发兴趣,又引出摸线往返跑教学,同时

让学生初步建立摸线往返跑的动作概念）

二、教学深入

师：刚才摸白框点烟花，你是用双手呢还是用单手？

（学生有的回答用双手，有的回答用单手）

师：为了安全快速撤离，你觉得是双手点烟花撤离快还是单手点烟花撤离快？

（学生议论，大部分学生说单手快，一部分学生说双手快）

师：那么我们用与第一次不同的方式再摸一次白框，比较以后回答这个问题。

（学生在老师指挥下第二次练习）

师：找到你的答案了吗？

生：单手快。

（教学意图：以点燃烟花后安全撤离为条件，引出摸线往返跑第一个技术要点——单手摸线）

师：那么你是用什么样的姿势单手摸框点烟花的，谁能给大家演示一下？

（教师在举手的学生中，挑选其中一位展示，并要求其余学生观察）

师：你发现这位同学点烟花时身体是正面的还是侧面的？

生：侧面。

师：为什么要侧身点烟花呢？

生：（通过教师点拨）侧身有利于转身撤离。

（教学意图：引出摸线往返跑的第二个技术要点——侧身摸线，并让学生“知其所以然”——侧身有利于转身快速回跑）

师：我们已经找到了点燃烟花安全撤离的两个窍门——单手和侧身，下面我们练习一下，练习完后向老师汇报转身撤离时有什么身体要求。

生：（学生在教师指挥下练习一次）转身动作要快，反应灵敏，快速回跑,腿部用力……

师:听了大家的汇报,老师总结一下同学们的意见:安全撤离时要"反应敏捷、快速转身、迅速回跑"。根据这三点撤离要求,结合单手侧身的点烟花技术,我们再练习一次。

(教学意图:突破难点——学习运动技能摸线与快速回跑的结合。考虑到四年级学生的认知水平和运动能力,如何侧身转身的技术要领淡化处理)

师:刚才几次练习中,老师发现有些同学在跑去点烟花时跑过了头,影响了返回速度。这个问题怎么解决?

生:快到烟花位置前跑慢一点,在烟花位置前停下来……

师:大家讨论一下,你能用几个词语来概括一下动作要领吗?

生:(交流讨论,汇报)步子变小、慢跑、稍下蹲、刹车、蹲下……

师:老师用三个词语归纳一下大家的讨论结果:点放烟花前要"放慢速度、降低重心、制动下蹲"。根据这三点要求,我们再练习一次。

(学生根据教师提示,第五次练习)

(教学意图:突破难点——快速跑与摸线的结合)

——案例来源:《体育教学》2010年第7期,作者:林锡江

新课程理念下的运动技能教学,教师既要克服运动技术专业化、教学练习军训化的弊端,又要避免只重形式、轻视运动技术等不良教学倾向。本案例教师尝试应用"实践探究法"开展运动技能教学,围绕教学目标和教学重难点,教师每组织一次练习,均为学生设置了相应的任务和要求,通过学生的实践体验、教师的点拨引导,既探究"怎样做",又探究"为什么这样做",整个过程既重视运动技术的正确教学,又重视教学活动的趣味性,不仅帮助学生理解、掌握了摸线往返跑的技术要领,而且实现了运动技能形成和学生体质增强的和谐统一,较好地体现了新课程的教学理念。

在体育学习中让学生进行探究学习,不仅仅是提高了技能学习的

效率，更为主要的是改变了学生获取知识的方式。过去都是接受式学习，老师把知识传递给学生或者说是传输给学生。现在有一些知识或者说大部分知识都是通过学生自己主动探索、发现来获得。在前文中提到体育教学中有着这样的现象："在没有进行篮球教学的时候，有人就会打篮球了；学习一段时间之后发现有些没有教的动作技术，学生已经会做了；还有就是有些动作老师做不了，但是学生却能够做得很好。"这就是告诉我们在没有"教"的情况下，"学"也是可以发生的，学习应该是一种自我建构，当然这也是需要一些条件的，比如想学、有一定经验基础、外部给他一些帮助等。

学生是有这种自我探究学习能力的。学生的学习过程不单纯是被动地吸收知识的过程，而是根据他自己已有的知识经验重新建构意义的过程，或者说发现新知的过程，这种学习对学生来说是非常有意义的。学生在学校学习的时间总是有限的，将来他们走向社会以后，在知识经济这样一个社会中，他总要不断地学习新知识。现在他们在学校学习期间，经历探究性学习这样一个过程，获取了这样一种经验，对他们将来走向社会主动地获取新知识、或者不断学习新知识是有借鉴意义的。

从学习的效果本身来讲，探究性学习本身也是一种体验型的学习。学生通过这种学习加深了对问题的理解，加深了对问题过程的理解。探究性学习可以很好地把新课程提出的三维课程目标——知识与技能、过程与方法、情感态度价值观——有机地统一起来。它集中在学生的探究问题的过程之中，学生一定是主动去学习的，一定是有一种积极的情感的。

总的来说，探究性学习概括起来，就是这样的几句话：使学生成为懂得科学研究方法的探索者；使学生成为一个勤于思考、善于思考的求知者；使学生成为一个不怕失败和挫折的自信探索者；使学生成为不怕吃苦具有科学献身精神的开拓者；使学生成为意志坚定求真务实的研究者。

情境教学:让身与心完美结合

【案例】《快乐的小蚂蚁》

教学内容:手臂支撑练习

教学对象:水平二　四年级学生 40 人

教材分析:小学水平二教材"手臂支撑练习"这个动作相对比较简单,生活中经常用到,锻炼效果较好,可以发展学生手臂支撑力量、腰腹肌肉力量。

教学情境:利用环境布置和激情引导来创设"小蚂蚁搬家"的情境过程开展教学。

教学目标:

(1) 认知目标:使学生了解用手支撑行走的方法,学习仰卧推起成"桥"的方法。

(2) 技能目标:发展学生的手臂支撑力量,使学生腹背与腰腹肌肉得到锻炼,提高身体的协调性和灵活性。

(3) 情感目标:培养学生勇敢顽强的意志品质和团结协作的精神。

情境设置:创设"小蚂蚁搬家"的故事情境,配以欢快的音乐。从小蚂蚁造房子——小蚂蚁搬粮食——小蚂蚁过河的过程开展教学。当学生被这个情境故事吸引后,兴奋喜悦的情绪就笼罩其全部身心,他们会主动地参与到教学中,愿意一而再、再而三地尝试这种运动,积极地锻炼,体验成功的快乐。身心完全地结合,达到事半功倍的效果。

场景布置：一个长 10 米、宽 8 米的长方形场地，周围用卡纸画一些小草，装饰成小蚂蚁的家。

教学特点：将原来单一的手臂支撑练习，通过《快乐的小蚂蚁》的情境设计，巧妙地将“支撑”融入到“玩—练—比—评”中。

教学过程：

1. 谈话引入

同学们，今天老师带大家到小蚂蚁的王国去玩一玩，看一看小蚂蚁在忙些什么。我们又可以从它们身上学到什么本领呢？大家想不想去玩呢？（想）

2. 小蚂蚁造房子

教师带领学生来到布置好的场地上。教师谈话引入：小蚂蚁的房子比较旧了，它们要造一座新房子。你们愿意帮小蚂蚁造一个新家吗？（愿意）于是，把 40 个学生分成 4 个大组，每个大组中每 2 人一小组。用推小车的方法把小垫子运到对面新的基地把房子造好。要求房子要有空间，有出入口。这时，再配上轻松欢快的歌曲烘托气氛，学生的兴趣都提了起来，恨不得马上加入到活动中。就这样充分调动了学生的积极性、主动性。

3. 小蚂蚁搬家

小蚂蚁造好了新家，接下来的任务是把粮食搬到新的家里，于是引出下面一个活动。用仰卧屈体，两手反支撑呈蚂蚁状的方法，腹部放一只垒球当粮食，把球运到对面新房子里，再跑回来，下一个人出发。游戏时配上乐曲《丰收之歌》。

4. 小蚂蚁过河

小蚂蚁造好了房子，搬好了粮食，就去外面继续寻找食物了。这时它们走着走着来到了一条小河边，怎么过河呢？这时，一阵风吹来，飘落下几片树叶。小蚂蚁爬到了树叶上，乘“船”而下。（这时学生两人一张垫子做划船动作）飘呀飘呀，这时河面上出现了一座桥。教师引入，你们能用身体做一座桥吗？（学生做出了各种各样的桥）引出了仰卧推起成桥，二人协同完成。保护的人站在练习者体侧，两手扶腰上提，帮助成“桥”。然后，一人独立完成。双手头后撑住垫子，两脚蹬地，双手逐渐移动成“桥”。最后，学生展示，邀请7名学生成“一”字排开，仰卧推起成桥，形成塘栖古桥——广济桥的造型。这时整课达到高潮部分，学生在练习过程中，一心想把桥造得高一些，一而再、再而三地尝试这种动作，练习得非常努力，体现了学生对文明古迹的热爱。

5. 放松运动

小蚂蚁划着小船漂流而下，在歌曲《小白船》的音乐配合下做划船放松动作。整节课在歌声中结束。

——案例来源：全国中小学教师继续教育网 http://training.teacher.com.cn/information/center/StudyGuide/xiaoxue/tiyu/kldp/32T411052401.html

人是身与心的统一体。做每一件事，只有身心达到完全的统一，才能收到最佳的效果。体育教学更是如此。毛泽东同志在《体育之研究》一文中，就生动形象地指出：“体者：载知识之车而寓道德之舍也。”潘绍伟老师说体育运动并不是简单的肉体运动，而是身心合一的活动，是促进学生身心成长的活动，是体育老师与学生互动共生的精神生活过程。这些观点都深刻地说明了育体和育心是互相渗透和相辅相成的。所以在学校体育过程中，一方面要关注体育活动对于学生身体发展的成效；另一方面还要关注引导学生全身心投入，充满主动性、创造性地学习以及深层次情感体验的过程，将学生的和谐发展作为学校体育的重要价值与目标追求。

新课程从以人为本、回归生活、注重发展的教育理念出发，大大丰富了情境的内涵，并对情境创设提出了新要求，情境创设因此成为新课程改革在课堂教学领域内的一个热门话题。德国一位学者有过一个精辟的比喻：将15克盐放在你的面前，你无论如何也难以下咽。但将 15 克盐放入一碗美味可口的汤中，你就在享用佳肴时将 15 克盐全部吸收了。情境之于知识，犹如汤之于盐。盐需溶入汤中，才能被吸收；知识需要融入情境之中，才能显示出活力和美感。

传统的体育教学重视教师的教，同时体育教师很少来设置教学的情境，学生很少体会到学习的情感、很少有学习的体验，导致许多学生喜欢体育活动，而不喜欢体育课。有句话说得好："蹲下来，和孩子一起看世界。"这个世界绝非成年人眼中的世界。如果我们教师能站在学生的角度了解学生的心理需求，上课前多思考，帮助学生检视和反思自我，明了他们自己喜欢学什么、他们愿意怎么学、会遇到哪些困难、有哪些思考方法，并积极预设教学情境，那肯定会让学生觉得教师离他们很近、很有亲和力，从而有利于教学活动的开展。

在新课程改革的今天，情境教学模式已经被许多老师所接受(特别是低年龄段的教师)，让学生投入到"情境"中，让学生心悦诚服地跟着教师，饶有兴趣地去亲身体验，引导学生对体育学习的主动性、自主性、主体性的发展。从而使学生在愉快的教学过程中达到身心统一，增进学生身心健康，锻炼学生意志，培养学生良好的思想品质。

"境"是情境教学的一个维度，"情"则是另外一个维度。教师必须用情感激发学生的学习兴趣。正如有的学者所指出的，从血管里流出来的是血，从山泉里流出来的是水，从一位充满爱心的教师的教学里，喷涌出来的则是一股股极大的感染力。只有激情和真情才会在师生间产生一种互相感染的效应，从而不断激发学生学习的热情，唤起学生的求知欲，诱发学生进入学习。

体育课堂教学中，一个真正意义上的情境是应该能激发学生乐于参与、关注和活动的"情"和引导学生浸润于探索、思维和发现的"境"。它固然需要以具体的场景做背景、载体，然而，场景本身是否具有"待完成性"，即场景的呈现能否有效唤起学生的问题意识及认知冲动，场景本身是否具有一种"召唤力结构"，即能否吸引学生主动参与到问题的探究、思考中来(而且，这种吸引不仅仅依赖场景外在的东西，比如画面、音乐、动态感等)，还依赖于情境中蕴含的体育学习的魅力。这些更应该成为我们理解、营造情境的核心要素。一个虽然没有现实背景，但能有效吸引特定年龄阶段、特定认知水平的学生参与体育学习的场景，也应该构成有效的情境。

一个虚拟的比赛，却让学生真正体会了竞争，为学生的自主学习提供时间和空间，为学生的自我展示提供了机会与平台。在教学中教师要善于创设有利于学生健康成长、自主探究性学习与合作交流的课堂环境，激发学生的创造性，体现学生的主体地位，从而促进学生全面发展、主动发展、生动活泼地发展。

体育学习本身具有丰富生动的实际内容，而其所体现的身体练习其实只是一个载体即教材。这就要求学生不论学习什么动作，都要透过身体练习来体验，并感知其对自身身心发展的功能所在，从而真正把两者统一起来。从教育心理学角度讲，这样的学习就是有意义的学习。相反，如果学生只掌握了一些基本动作，而没有理解其真正的作用，这样的学习便是机械的学习。教学情境以直观方式再现了所学知识的相关背景，是学生认识过程中的形象与抽象、实际与理论、感性与理性以及旧知与新知的对立统一。

总之，创设情境既要为学生的学习提供认知停靠点，又要激发学生的学习心向。这是“情境”的两大功能，也是促进学生有意义学习的两个先决条件。

教学设计:让学习方式多样化

【案例】垫上多人合作技巧组合教学片断

1. 复习垫上技巧单个动作:前滚翻、后滚翻、跪跳起、燕式平衡、跪撑平衡、肩肘倒立、挺身跳。

教师:在复习单个技巧动作时,同学们一要注意每个动作的关键要领,动作要做到位,要完整;二要注意动作姿态的优美。

2. 复习垫上技巧组合范例:燕式平衡—前滚翻交叉转体—后滚翻—挺身跳。

教师:在复习技巧组合动作时,每一位同学要按照每个动作的程序,控制好动作之间的衔接与节奏,一定要克服动作浮躁的现象,动作要完整,姿态要优美! 同学们能做到吗?

学生:能!

教师:好! 下面以小组为单位进行练习,老师要看看同学们的表现啦!

3. 学生以小组为单位进行垫上技巧组合范例练习,教师巡回指导。

4. 垫上技巧组合范例练习点评。

教师:在技巧组合动作复习过程中,同学们的动作姿态有了一定的控制,但练习的过程当中,也存在着单个动作之间的衔接不够流畅,尤其是前滚翻交叉转体接后滚翻时,低头翻掌贴肩做得不够及时,另外,挺身跳结束动作,站立不够稳,这些动作在下面的练习当中，同学们要注意自我纠正。

5. 垫上技巧组合创意练习：

创意练习一：改变技巧练习体操垫摆放的形状。

教师：请同学们围到展板前，同学们看一下这张图，图上体操垫摆放的形状，是我们刚才进行技巧组合练习的“一”字形，如果我们改变一下体操垫摆放的形状（揭开隐藏的第二张图），把它摆放成这些形状，我们将如何在不同形状（“Z”、“Y”、“T”、“工”）的体操垫上做技巧组合动作呢？我们首先要根据体操垫摆放的不同形状，来确定组合动作开始的起点和结束的终点位置，然后再考虑和进行单个技巧动作之间衔接的过程排列。好，下面各组选择体操垫摆放的不同形状尝试组合练习。

(1) 学生以小组为单位，选择不同形状的体操垫摆放形式，尝试技巧组合练习，教师巡回指导。

(2) 组织不同形状体操垫摆放形式的技巧组合练习展示与交流。

(3) 展示点评。

教师：在各组进行不同形状体操垫摆放的技巧组合动作展示中，同学们相互合作，善于动脑筋，想出了很多技巧组合练习的形式，其中，第二组的同学，他们在“Y”形的体操垫上，做出了两人合作的技巧组合练习，这种创意非常好，突破了我们技巧组合单人练习的形式。下面我们就以第二组的创意练习为起点，各组再尝试多人合作的垫上技巧组合练习，看一看我们哪一组创意出更精彩的组合动作出来！同学们有没有信心？

学生：有！

教师：很好！同学们在创意多人合作技巧组合动作时，要充分考虑到多人合作做技巧组合动作的空间，重新设计体操垫摆放的多种形状。

创意练习二：多人合作的技巧组合练习。

（1）教师巡回指导。

教师：我们这一组同学准备编排怎样的多人合作技巧组合练习？

学生：我们想把垫子摆放成一个正方形，由四个同学分别从四个角端向中心同时开始做前滚翻，然后交叉转体接后滚翻成跪撑跪跳起，再向各人的角端做前滚翻起立成燕式平衡结束。

教师：很好！老师还建议你们，可以考虑充分利用正方形体操垫摆放的空间，增加参与人数，起始动作可以有时间差，相互交错着做，在保持同等节奏的前提下，动作造型上也可以有所不同。好，你们可以试一试。

教师：老师刚才看了你们这一组的同学按照顺时针方向做了连续三个前滚翻，接挺身跳结束，动作排列上，显得单一了点，如果挺身跳转体 90 度，继续向前做其他单个技巧动作的衔接，不仅可以丰富组合的动作，还可以变化多种练习的方向。

（2）组织各组进行多人合作的技巧组合练习展示与交流。

（3）各组多人合作的垫上技巧组合练习示意图：

(4)展示点评。

教师:从刚才各组交流展示中,我们很高兴地看到了大家发挥了丰富的想象力,根据体操垫摆放的形状,设计了多人组合练习,将已学技巧单个动作合理地编排起来,并注意了多人合作做技巧组合动作时的节奏,比较整齐划一。今天只是同学们初步尝试多人合作的垫上技巧组合练习,总体表现比较好!当然,在展示过程中,我们也看到了一些同学由于在力量与协调方面的欠缺,影响了动作质量与姿态上的美感,因此,下面老师为同学准备了一组锻炼腰腹肌力量的方法。加强腰腹肌力量的锻炼,不仅为做好技巧动作奠定必要的力量基础,而且还能塑造同学们健美的体形。

——案例来源:孟文砚、周兵,《有效的教学技能:教学问题诊断与技能提高》

众所周知,体操类运动项目技能教学通常采用的学习方式多数呈现的是学生个体技能形成的单一练习形式,而缺乏个体之间"合作性技能形成"的学习方式。垫上技巧是体操类运动教学中较为普及的一项。注重动作正确、协调连贯与姿态优美,是垫上技巧技能表现的主要特征。然而,在垫上技巧教学中,我们却不太注意突破固有的传统教学模式,很少考虑如何突破学生个体从单个动作到组合动作技能形成的单一练习形式,并体现出不同垫上技巧技能水平的学生通过个体技能掌握与他人主动默契配合,共同完成和提高技巧组合动作质量。本课案例在学生个体垫上技巧组合范例学习的基础上,通过垫上技巧运动形式与练习方式的拓展,即以体操垫摆放形状的改变,在原有垫上技巧动作方法的基础上,探索出运动技能呈现丰富多彩的多人合作的组合方式。这样不仅能有效激发学生对垫上技巧学练可持续发展的兴趣,而且更有效地提升了体操垫上技巧合作学习上的价值。以此来实现学生整体垫上技巧技能水平,在自主、合作和探究性学习过程中共同进步与提高。

让课堂充满师生的生命活力,更多地并不在于形式上多么丰富多彩,而在于形式为内容有效服务的内在过程的逻辑性。其中实施有效的学习方式，挖掘学生的学习潜力，培养和提高学生自主、合作与探究性学习能力是关键。体育课上学生的学习方式，与诸多体育运动项目的技能属性和学生个体之间差异相关，其共性特征是学生学习和掌握一定的运动技能后，通过实践体验，确定适合自己体能水平的本体感觉，从而形成相对稳定的运动技能，并通过各种举一反三的练习方式获得巩固和提高。而个性特征，则反映了学生个体之间在体能水平和技能能力上的差异。由于学生个体之间差异的客观存在，在课堂运动技能学习过程中，学生相互之间动作技术表现能力上的差别，导致了整体学习进度上的差距，学生个体易产生学习心态上的不平衡，从而影响了学生整体共同进步的学习氛围。虽然，教师在课堂练习的方法手段上，针对学生个体差异实施区别对待与分层教学的手段，对促进与提高学生个体运动技能水平起到一定的作用，但在缩小学生个体运动技能水平之间的差距、保证正常的运动技能整体学习进度、实现整体上共同进步的效果却不明显。因此，如何将运动技能学习的共性与个性特征，相互交融于某种学习方式，在互为促进和激励的学习氛围中，有效调节不同运动技能水平学生个体学习心态上的平衡度，逐步而明显地缩小运动技能学习上的差距，达到整体上共同提高的目的，是当前探索有效学习方式的途径之一。因此体操类垫上技巧“合作性技能形成”的课堂教学设计案例的探索则有着非常重要的意义。

学习方式的变化实质上也是教师思想的变化在践行中的体现。教师的思想有了转变，他的课堂教学也会出现新的变化。

【案例】教育叙事：变·通

“快点投别踩线，这球进了可就算四分……”，“要防住林昊别给他扣篮，我们可刚好领先两分呢……”，如果您在我的课堂上听到这几句不着边际的话，又看到学生们时而抱着篮球跪了三四步、时而大喊“这球算四分”……一定会糊涂了：这是篮球赛还是橄榄球赛啊？没错，这是篮球赛。不过呢，这可是经过我改良的迷你篮球赛！而且还很受学生欢迎呢！看着在篮球场上正拼杀的热火朝天连集合的哨声都听不到的小家伙们，我只能笑着摇摇头，看来这节课少不了又要拖上几分钟了，我的思绪不禁又回到一个星期前……

“林敏，怎么坐地虎变乌龟爬了?”我放下哨子调侃着刚上场踢了五分钟球就气喘吁吁的小个子林敏。“老师，不怪我啊，这么大个场地你看我才拿了两次球就光练折返跑了，还怎么射门呀!”林敏有点委屈地看着我。“是吗?”看着足球场上才不过十来分钟已经累得把比赛演变成“走球赛”的小家伙们，我不禁开始反思起来……体育与健康课程标准的教学模式促使学生更加坚持和主动参与体育活动，对于中学低年级的同学，我们可以用十字接力、你追我赶、圆周躲闪等游戏把课堂弄得热热闹闹，可一旦接触到正式的运动器材和场地时，年龄和身体条件差异就让他们有些力不从心了。这又一次显现出我们一直关注而又未能很好解决问题：课程标准所关注的学生共性和现实存在的学生个性之间的矛盾。

怎样才能让每一个学生既参与体育活动又享受到体育活动的愉悦和成功感呢? 我在课余找了很多同学谈心交流，又和经验丰富的老教师进行了探讨后，决定了先从简化和异化规则开始。在一节复习了运球上篮后的篮球教学比赛前，我宣布了新的规则：将犯规和违例的界限打破，允许持球走三步和双手拍球、保留踩界交换球权的规则，但去掉进攻三十秒和三秒违例、持球五秒的限制，提出连中两个罚球算三分、在 2 米的小篮架上能扣篮算三分、投中第二个三分球后再中算四分的新规则。学生们刚听完面面相觑，颇有点反应不过来，但随着比赛的进行，气氛在一个个扣篮和四分球中热烈起来，加油声和呐喊声此起彼伏，于是就出现了本文开头那一幕……

第一次实验 OK! 深受鼓舞的我又对几项较受学生喜欢的运动试着进行了规则和场地的简化与异化，如四对四小型足球赛、地面乒乓球、活动篮筐等，让我意想不到的是，效果出奇的好，许多学生在课堂上一反之前的冷漠和疏远，兴致勃勃地参与进来。是啊，对还没有形成固定体育学习行为的初中生来说，在这一阶段激发学习兴趣，并让他们体验到成功体育的乐趣才是最重要的。降低了学生参与的门槛，学生参与进来了，沿着这个思路，我决定扩大“战果”：通过改变规则，强调合作学习！体育本身就是通过参与者之间的交流而产生最佳效果的，托罗普斯运动的思路，就值得我们在教学中加以借鉴。以我自己创编的托罗普斯毽球比赛为例：传统的毽球比赛是每队上场5个人，两队对抗得分多者为胜。我们可以创新为双方上场仍是5个人，形式仍保持对踢，但可以按双方队员在规定时间内合作连续接球的数量计算得分，而得分为双方共有。因为两队合作，取得的是相同的分数，在一场比赛中得分相同，因此不存在胜负，无法进行淘汰。但在循环赛中每两队合作情况不同，所取分数不同，就可以按总得分多少决定名次，仍可达到分出胜负和体现体育中的竞技精神！这种比赛中无失败者，达到的是团结协作的目的。这样一来，学生不但参与了运动，而且在运动中潜移默化地学习。

曾看过一段治疗风湿病的药物广告词觉得很有意思：通则不痛，痛则不通。而在我们的新课标在实际操作过程中亦是如此，如果没有一条连通学生与新课程目标之间顺畅的路，那新课标就只能停留在理论的高度、理想的状态，就像最有效的药物却无法作用于患处，最终无法实现新课标的教育理想。通过在实际教学中的反复实践和总结，我深刻体会到，要做到"通"，我们只能学会"变"，抛开单纯关注体能和运动技能目标的教学思维，抛开僵化的教条主义，去真正地关注学生的运动习惯，并据此作出调整和变通，扫除妨碍教学目标实现的障碍，帮助、引导学生形成运动的积极情感，这样他们才会发自内心地喜欢体育并树立终身体育的意识。我们和学生一样是构建新课程的参与者与合作者，能走近学生、真正懂得学生内心所渴望的老师才是好老师，学生信赖教师能主动去参与的体育课才是好课。就让自主、合作、探究成为课堂上新的主旋律吧！再搭上引导、激励、创新的翅膀，把新一轮的体育课程改革托上更高的天空！

——案例来源：人教网：体育与健康，作者：黄昕

http://www.pep.com.cn/tiyu/jszx123/jxyj/jxsb/201009/t20100901_848864.htm

兴趣:学生学习的原动力

【案例】王仲生:"低头看天"学滚翻

王老师的教学对象是一年级的小学生。他带领学生们做了很有趣味的准备活动后,进入了前滚翻的教学。

王老师说:"孩子们我们继续做个游戏吧!"

王老师接着说:"我们一起做个'看天'的游戏"。

王老师说:"我们要低着头看天!"(学生们为难了,窃窃私语:低着头怎么看天呢?)

王老师:"你们自己想想办法,怎么能低头看天?"

于是学生们纷纷尝试,不一会儿一个聪明的学生找到了方法:两手趴在地上撅着屁股,从两腿之间看天。他还边看边喊:"我看到蓝天喽!我看到蓝天喽!"其他的同学看到他的样子,纷纷模仿。顿时,操场上撅起了一片小屁股。他们边看边喊着:"我也看到蓝天喽!"

这时王老师又说:我们再做第二个游戏。

王老师:游戏是"看谁坐得快"。王老师叫出一个学生和他比赛。两人站在垫子后面,发出口令后看谁先坐在垫子上。结果学生跑到垫子上坐下,而王老师则做了个前滚翻坐下,当然是王老师坐得快。王老师怕学生不服气,又比赛了一次,结果还是一样。当学生看到这样的结果,人人都摩拳擦掌急着想练习。这时王老师说:"我们现在把两个游戏一块儿做一遍,先'看天',再做'看谁坐得快’”。学生争先恐后地练习着，很快就掌握了前滚翻的动作要领。

学生在两个游戏中不知不觉地学会了前滚翻后，王老师才告诉学生：“今天我们学会了一个动作，叫做‘前滚翻’。”

——案例来源：毛振明、于素梅，《体育教学理论问题与案例》

夸美纽斯曾说过：“兴趣是创造一个欢乐和光明的教育环境的主要途径之一。”运动兴趣对学生的体育学习和活动特别重要，直接影响着学生参与体育学习和活动的积极性和主动性，有助于促进学生形成坚持体育锻炼的习惯，让体育活动成为学生生活中不可缺少的组成部分。

激发学生的学习兴趣，这是“快乐的体育课堂”必须追求的。学生参加体育锻炼的兴趣“并不总是从意识到需要才开始产生”，而往往是由于体育活动“在情绪上的吸引力而自发地、无意识地产生出来的”。兴趣不是对事物的表面的关心，任何一种兴趣都是由于获得这方面的知识或参与这种活动而使人体验到情绪上的满足而产生的。学生的运动兴趣是处于动态变化中的，快乐的体育课堂应倡导不断地去满足学生的需求，去不断地教育、引导学生对所学习的运动技能、知识文化进行认识，从而来巩固他的兴趣。在学会多种基本运动技能的基础上形成自己的兴趣爱好。

著名的心理学家皮亚杰曾经讲过：兴趣实际上就是需要的延伸，它表现出来的是对象与需要之间的关系。我们之所以对一个对象发生兴趣，是由于它能满足我们的需要。所以在教育学或心理学的书上，我们都能找到这样一句话：兴趣是最好的老师。在新课程当中强调或者说提倡要激发学生体育学习兴趣是符合一个人的学习心理的一个走向的。高中阶段体育课程倡导的模块教学，让学生去选择他自己喜欢的项目去学，在其中我们就可以看到，比如学生喜欢篮球，因为他喜欢篮球他选择了篮球，因为他有这么一个认识，有这么一种倾向，所以在实践的过程中他就不断去探究，体育课上去做，体育课外活动也去做。假设说学生没有这个兴趣，没有满足学生的这个兴趣，学生可能体育课上去学，下了体育课就不学了，他只是带着一个脑袋来、带着一个躯体来跟着老师在课上完成练习的任务。如果我们满足了学生的兴趣，学生是带着他的情感来的，带着他的智慧来的，他即使走出了课堂，他也会把情感留在课堂上。

俄国教育家乌申斯基说道：没有丝毫兴趣的强制性学习，将会扼杀学生探求真理的欲望。一个人如果没有求知的欲望，那将会产生什么样的后果呢？正如苏霍姆林斯基所说的："他就好比用一道无形的铁栅栏把自己跟广阔的天地隔离开来.然而谁知后来这道无形的铁栅栏也许会变成真理的牢狱呢！"学习动机中最现实、最活跃的成分是兴趣，或叫做求知欲。兴趣是力求认识世界、渴望获得文化科学知识、不断追求真理而带有情绪色彩的意向活动。许多科学家、发明家之所以能在攀登科学高峰的崎岖小道上不畏险阻、奋不顾身而取得伟大成就，其原因之一，就是具有浓厚的学习兴趣以及强烈的求知欲望。

"兴趣是最好的老师"。浓厚的学习兴趣，是学生主动学习的心理前提。教师在体育教学中要重视和运用心理学知识，采用灵活多样的教学方法，以调动和发挥学生的积极性，激发运动兴趣。在最后再给大家提供一个案例，我们会发现，原来关注学生的兴趣并不是一件难事，更多的是在于我们的思考与设计。

【案例】小学体育课教学案例：箩筐球

1. 教学目标：

(1) 学会准确地将球投入"筐"中。

(2) 在集体活动中体验成功的喜悦。

2. 教学内容：箩筐球(我们先撇开那种"高不可攀"的标准篮架，把投篮技术回归到篮球活动发明的初始，让学生在欢快、轻松的环境中体现自身的价值)。

3. 教学步骤：

(1) 移动箩筐球

分成若干小组，每组3～4人，每两个小组用一只小篮球进行比赛，两组各有一只小箩筐或废纸篓。各组选定一人拿筐，可以自由行动，随时准备接同伴们传来的球。其余人相互传球、抢球，并试图把球投入本队同伴手中的箩筐。

(2) 箱子球

同上练习，将移动的持筐人改为站在低跳箱上，基本固定了箩筐的活动范围。箱盖上持筐人每接到一次球，本队可得1分。

图1　箩筐球

图2　箱子球

注意事项：

1. 规则可以根据孩子的实际情况来定，如有球在手只能跑三步；不能拉人；不能推人、撞人；可以拍球跑等。

2. 场地可大可小，根据活动人数来定。

联想：

1. 用橄榄球玩，其方法是否也一样？

2. 同时几个组(3～4个组)一起用一个场地比赛，效果一定会更好吗？

3. 箱子上站立的人，小箩筐既可以拿在手中，也可以背在胸前或背在背后，甚至可以顶在头顶上。

“时间高于内容”:发展体能的重要原则

【案例】“毽球发球”教学设计片段

学习目标	知识与技能		过程与方法	情意与表现
	通过练习,学生能够基本掌握毽球发球的基本动作。注重体验抛球和击球的时机,体会身体的协调用力		学生在“比赛”中自主体验,逐渐熟练技术,并能够自我描述出动作基本要领	在练习中,能够认真观察,注意与同伴的交流,恰当地进行自评和互评,完成好教师分配的任务
学习内容:毽球发球			重点:体验发球动作,做到协调发力 难点:击球时机与发球角度的配合	
过程	课的内容	学生活动	教师活动	学练效果检测
常规	导入课题 明确学习内容	体育委员整队,检查人数 见习生听课,并协助器材的放置	师生问好 宣布本课内容及要求 安排见习生	
热身导入	热身——疯狂毽子	相向两队 男女学生分成两大组 练习进行2次 ① 女生放倒(用手),男生扶起; ② 女生扶起,男生放倒(用肘)	讲解“疯狂毽子”的方法与要求,组织学生进行练习 示范,口令提示 在学生练习的过程中不断提示方法与规则	不断地蹲下与起立,使得关节、肌腱牵拉动作到位 精神饱满,能做到令行禁止

续表

学习体验	踢远练习 1. 站在场地两侧，踢过限制线，目的主要是体验动作	无网练习 在练习中着重感受怎么样才能发上力 各人描述自我的身体感受（选择，归类），并再体验	讲解示范：踢远练习的要求，并指挥学生集体模仿练习 引导学生描述练习时的身体感觉 探索动作要领 重点：身体重心 触球部位：脚背 强调：脚背绷紧	基本掌握抛球和击球的协调动作 够在踢远时发上力
	两种形式： 无网、有网	加网练习 在练习中关注击球时机与球飞行的角度与路线	语言提示击球时机与球飞行的角度与路线的关系，并巡回。集中解决共性的问题，并组织学生观摩优秀学生的动作	能够关注到击球时机与球发行角度与路线的关系，并能够有意识体验动作
	2. 发球过网升级 连续成功5个就升级下个练习区域	发球过网升级游戏 在练习中体验和巩固动作 在升级的过程中加强交流，实现异质互助	讲解发球升级的方法与规则，并对不能够完成升级的同学给予更多的指导和帮助。同时组织升级的同学展示动作进行交流	能够在升级中不断完善自己的动作，发现自己可能存在的问题，并积极向身边升级过来的同学请教
	区域发球 两边画圆自捡自踢	问题：发球是不是仅仅求远？（控制落点） 体验指定固定区域发球探索发球的准确性	教师提出问题，并组织学生探讨与自我体验 重新集合　讨论发球的时机、角度、力量、摆腿幅度、发球方法的关系	学生能够体验到控制用力以及身体姿势和脚背的紧张度对准确度的影响，并通过设计的比赛来体验学习效果

续表

学习体验	定点发球成绩赛	4个小组看区域总成绩 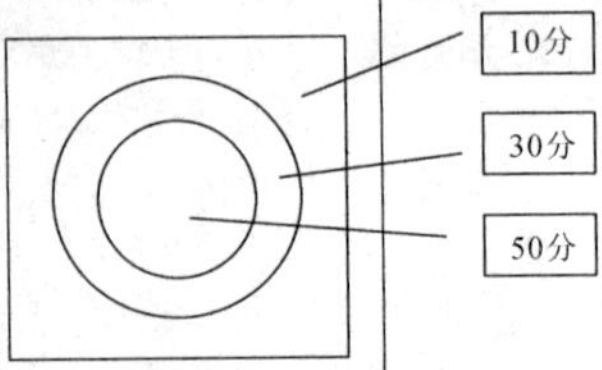	教师巡回，不断用声音提示	
	模拟橄榄球 运用发球动作，发展学生判断能力、灵敏速度、柔韧素质	两人一组 1. 低头胯下传球 2. 踢球与跑动接球 3. 进行组合	教师讲解练习方法，并和学生一起进行互动练习 语言提示学生发力踢球以保证跑动的距离	通过组合动作，让学生不知不觉中发展多项身体素质
放松小结	平衡比赛	把毽子放在头上，以小组为单位平衡走动，看看哪个小组留在头上的毽子多	教师讲解游戏方法，让学生在趣味比赛中放松身心结束课堂	放松身体，调整呼吸
	小结	积极发表自己的学习体验 协助归还器材	小结本课的基本情况 宣布下课　安排器材回收	

——案例来源：潘雪峰的课堂教学设计

这是我的一节教研课，虽然外面的气温比较低，但是在现场我们可以发现学生满头大汗，大部分学生脱了外套，甚至有的同学在下课时只剩下了短袖。一节“毽球发球”课，达到这样的效果是看课的老师没有想到的，观察记录结果表明，课堂练习密度已经超过30%，用学生的话说“今天玩疯了”。

达到这样的效果，应该与我在设计时坚持“时间高于内容”的原则有关，课堂上先考虑让学生尽可能地、尽快地活动起来，以保证足够的运动时间。本节课的准备活动部分是一个比较简单的游戏，就是一组人把毽子推倒，一组人把毽子扶起，但其中加入了竞赛的元素，学生的参与程度立马得到提高。在课堂一开始就让学生迅速参与到运动中来，保证了练习的时间。

另外为了增加练习密度，本节课在练习队形上很少有调动，基本就是让学生相向而立，而且踢球时要求就近捡球，让更多的人可以在同一时间里进行练习。同时在练习过程中采用了升级的组织形式，这样在练习的过程中，不仅能力差的同学一直在练习，能力好的同学也一直在练习。这样就做到了关注全体学生的练习密度，这一点在以往的教学中是没有能够做到的。

在体育教学中，学生从事各种身体活动的直接作用是促进体内异化作用的加强，继而促进同化作用的加强，加快体内物质的合成，从而使机体内部的物质得到补充、增加和积累，这是我们一般对体能发展的认识。但是在这个变化过程中有一个重要的条件，那就是要保持体育锻炼的时间。

回头观察我们的体育课堂，很多老师把“学生”变成了“受教育者”，体育教学的时间经常被“先分解示范，后完整示范”、“完成这个动作应该先练习什么”、“这个动作应该那样做”等等的“告诉与指令”所挤压，不过幸运的是“运动参与”作为一个目标被单列出来，说明在时间与内容的重要性方面我们已经做出了选择。《江苏省青少年健康促进行动计划》中明确提出了体育课堂中学生的练习密度要达到30%以上的要求，本课就是一节基于此的研究课，旨在探索技术教学过程中如何更好地组织学生参与到体育活动中来，而且这个过程要做到不仅仅是命令，而且是吸引。

创新就在身边

【案例】身体变变变

学习目标：

1. 能用身体动作进行创造性表现，增进学科间的知识渗透与交融。

2. 增强对自身躯体的感性认识，提高躯体的柔韧性、灵巧性和协调性。

3. 能在活动中大胆地展示自我，培养创新精神和合作能力。

教学对象：水平二（三年级） 人数：48人

学习内容：有趣的人体造型联想

教与学过程设计：单人人体动作表示数字——双人人体动作表示字母——多人合作用人体动作表现创编内容。

组织方法：组织学生以自我结伴的形式进行教学，引导学生合作进行练习方法。

教学重点：用身体的各种动作表示生活中的数字、字母等内容。

教学难点：在学习过程中，拓展想象空间，引导学生进行创新思维。

运动负荷：本课设计运动密度较高，但运动强度较小，预期负荷为中。

场地器材：录音机（1台）、数字及字母卡片若干。

学习流程：

（一）营造氛围，激发联想。

1. 今天的体育课我们来到了公园，走进了青青的草地进行游戏，开心吗？我们先来一个“叫号击掌”的比赛，比比谁的反应最快！

（师生互动，积极参加游戏比赛）

2. 数字可真神奇，刚刚我们用数字进行了比赛，你们看，这里的小朋友还能用身体动作来表示数字呢！（出示数字卡片）

3. 你们能学着图上的动作也来试一试吗？

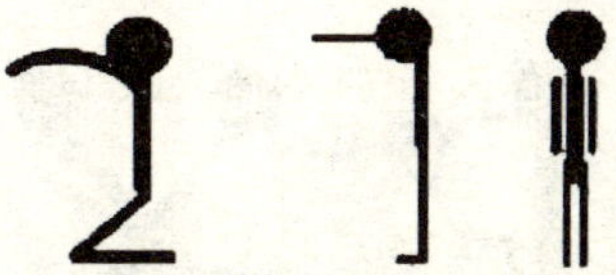

（学生主动尝试，不时为自己的成功而欢呼雀跃）

【设计意图：关注学生的生活经验和已有的知识是新课程的重要理念之一，从学生已熟悉的阿拉伯数字入手，合理开发教学资源，诱导学生进行联想，拓展学生想象的空间】

（二）合作探索，拓展思维。

1. 数字在我们的生活中是必不可少的，电话号码就是由数字组成的。几个小朋友一起合作的话，就可以组成电话号码了。生活中有些号码还和我们息息相关呢！小朋友们知道的有哪些？看看你们都能表示什么号码！

（学生展示动作，教师随机引导，介绍这些特殊的电话号码）

2. 你们看，我们的身体动作除了表示数字，还能表示字母呢。（出示字母卡片）就是同一个字母，也可以用好几种不同的方法来表示呢！

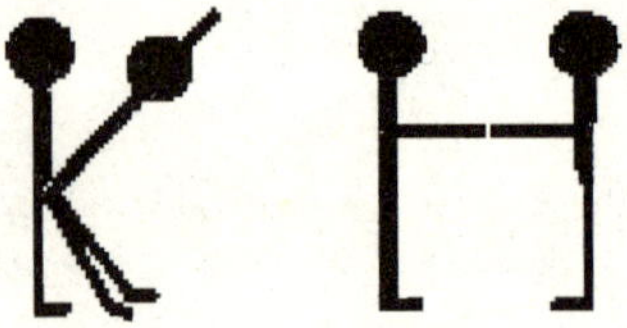

(1) 用蹲、躺、跪等不同的动作表示。

(2) 借助不同的方向来表示前、后、左、右。

(3) 加上手臂和腿的配合(手拉手、脚搭着脚)。

3. 小朋友们能大胆地来展示和表演吗?还有与众不同的表示方法吗?

(鼓励学生用欣赏的眼光、宽容的态度多角度设计意图价、奖励。)

4. 学生展示动作:

W:两个小朋友手拉手举起来,也有脚搭着脚坐着来完成。

K:一个小朋友站着,另一个靠着他,再把脚和手伸出去。

H:两个人面对面,再手拉着手。

……

【设计意图:合作学习是新课程倡导的一种学习方式,引导学生自主合作完成动作,培养发散性思维,教师的引导至关重要】

（三）放飞想象，实践创新。

1. 启发：我们用自己的身体还能表现什么呢？开动小脑筋想想，我们不仅认识数字、字母，还有……小组内先讨论讨论！

学生汇报小组讨论情况，教师随机总结表现内容。

(1) 简单的文字：大、天、十。

(2) 基本的图形：△、□、☆。

(3) 常见的物体：梯子、钟表、桥、小船……

2. 你们的想象力可真丰富，那么就让我们小组合作，试试能不能把这些设想表现出来。

（学生小组合作展示成果）

3. 哪个小组创编的动作最有特色？你对你们小组的创作有贡献吗？

4. 今天每个小朋友都是最棒的，老师要为你们无限精彩的创造而鼓掌！

【设计意图：想象是创新的基础，这一部分让学生放飞想象，表现的内容不是由教师提供让学生被动表现，而是把想象的权利还给了学生，课堂上让学生有更多的时间和空间进行想象】

——案例来源：海门市育才小学王海霞老师课堂教学设计

当前，教学改革已经渗透到了各学科的各环节中。就体育课而言，同样也在探索创新。所谓创新教育，就是根据有关创造性发展的原理，运用科学性、艺术性的教学方法，培养学生的创造意识、创造能力和健康个性，造就创造性人才。实践表明，一节体育课，从准备、实施到课后小结等环节都可以体现创新改革。在创新教育中，教师要重视调动学生的主动性和创造性，开发学生的智力，有效激发出学生的学习热情。

鲁班由锯齿形树叶发明了锯子，牛顿由苹果落地发现了地球的引力。如何让创新教育在体育教学中得以具体化地表现？本案例就提供了很好的范式。本课充分利用儿童的好奇心理，结合学生已掌握的阿拉伯数字、拼音字母等基础知识，在开放式、活动化的各种身体姿势的联想与自我创造中，增强他们对自身躯体的感性认识，锻炼他们身体的柔韧性、灵巧性和协调性。同时注重培养学生展示自我的愿望，努力使每一位学生都能积极主动地参与体育游戏活动。培养他们体育学习的兴趣，使每一个儿童的合作交往能力、创新思维能力得到发展，使每一个孩子都能感受到身心的愉悦，体验到体育游戏带给他们的成功与欢乐，这也是新课程的要旨所在。

兴趣是创新的源泉、思维的动力，是学习者内在的“激素”。教学活动中，教师应激发学生创新的兴趣，增强思维的内在动力，解决学生创新思维的动机问题。学生有强烈的好奇心、求知欲，教师应抓住学生的这些心理特点，加以适当的引导，激发学生的求知欲，培养学生的创新精神。如：从学生已熟悉的阿拉伯数字入手，合理开发教学资源，诱导学生进行联想，拓展学生想象的空间。学生利用各种身体姿势的联想与自我创造，来达成老师提出的要求。这样，通过教师的直观演示，学生的动手操作将原本抽象、枯燥的问题具体化、形象化，激起学生强烈的求知欲，引起其浓厚的兴趣，启迪他们的创新意识。

学生是创新的主体，创新能力潜伏于每个学生之中。只有在适宜的环境和条件下，创新才会被激活，从而释放出来。学生创新能力的培养必须确立学生的主体地位，让学生的生命活力在课堂中自由发展。因此，课堂教学必须给学生创设一种和谐、自由、充满活力的民主氛围，使学生人人都是有独创性的主体，积极参与课堂教学的全过程。当学生用“向前屈”的动作表示“n”后，提示学生：“可以向两侧做吗？”“能不能向后做来完成呢？”启发学生尽量想出不同的花样来。而后孩子们用手围成、用脚绕成；躺着、蹲着、跪着来完成。孩子们在有限的引导下，却仿佛插上创新的翅膀，每一个动作都是一份体验、一次创造！没有对与错，只有好与更好！对于学生的无从下手，应适时引导，用文字、图形等作为表现内容，让孩子们集思广益、取长补短。一个个设想的诞生，一个个动作的完成，一次次成功创新的体验，都是孩子们无限创造的结晶，他们灿烂的笑脸正在分享创新后的喜悦，体育学习成为一个发挥民主自由和充满智慧挑战的过程。

第三篇

教学评价改革

桑代克的效果律认为:“人们看到自己努力学习的效果就会增强学习行为。”新课程下的学习评价不再被看成是教学过程的终结,而是学习的一部分。学生可以利用评价的机会来了解自己的进步,评判自己的成绩,监控自己的发展。评价就是促进学习的动力。

多一把尺子，就多一批好学生

【案例】每个孩子都是胜利者

小组平衡拔河比赛，两组拉紧绳子，每组挑选两位同学把自己姓名的标签带到对面去贴在标志物上，如果中途落地就失败，最后以标签数和时间来决定胜负。左边小组的同学挑选了两位同学，其中赵立平同学身上贴了5位同学的标签，而有22位同学把标签贴在张雷身上，因为张雷是体育委员。左侧小组开始的时候赵立平同学经过努力过去了，轮到张雷的时候，信心很足，但是在中途的时候，手一滑掉地上了，张雷没有能够获得贴标签的权利，这个时候张雷和左侧小组的同学都沉默了，张雷流下了眼泪。第二小组的同学开始任务时，左侧的同学咬紧牙关，含着眼泪拉紧绳子，第二小组顺利地完成了任务，欢呼雀跃；第一小组集体缄默，黯然神伤。

老师对本次游戏进行评价总结："同学们刚才的比赛，我们右边小组获得了胜利，让我们首先把掌声送给胜利者。"掌声响起。

"其次，我们要把掌声送给张雷，张雷虽然没有能够成功完成任务，但是张雷今天是最幸福的人，因为他今天收获了他们小组中22位同学的信任。"张雷眼泪又出来了，转身向自己的小组鞠了一躬，说谢谢你们。这时有几位同组的伙伴上前与张雷拥抱。

"最后，让我们把最热烈的掌声送给左边小组的同学们。他们在明知道自己失败的情况下，依然坚持拉紧绳子保持平衡，为第二小组顺利完成任务做着自己的努力，我想第二小组的同学应该给第一小组的同学一个拥抱，因为这就是最值得你们信任的同学。”全场的同学都相互拥抱。

——案例来源：潘雪峰的课堂教学片断

这是一个真实的案例，这是在通州石港中学送教的片段。每次回想，我都会很激动。如果这堂课仅仅以平衡拔河游戏最终的胜负来决定胜利者，我想一定不会看到这么温馨的一幕。我很庆幸自己没有简单地进行评价，而是根据新课程的要求，从不同的视角，让每一位学生都成为了胜利者，都有着自己的收获，包括我在内，我在最后总结时说，老师谢谢你们，因为你们教会了我很多。

曾经在国家体育锻炼达标这根指挥棒的指挥下，体育课堂教学更多是模仿运动员训练的模式，谁的技能好、谁的体能强谁就能获得好成绩。其他的表现，竞技运动很少去顾及。一直以来，对学生的体育学习过于注重评价学生的技能学习而轻视学生学习的态度；过于注重生理发展而忽视了学生的心理健康。这样的评价容易造成学生的两极分化，势必就造成好的学生成绩一直就很好，差的学生体能与运动技能可能永远赶不上好的学生，因为体能与运动技能在许多方面是受到遗传因素制约的。这就使得一些在学习态度、情意表现与合作精神表现非常好的学生就会因为自己的运动天赋不如别人，进而由于运动技能学得不好丧失了体育学习的积极性，最终放弃了体育学习。这就是评价内容单一造成的缺陷。

而新课程下的体育与健康课程正在改善这种现状，评价逐步走向多元、全面；即体育与健康课程学习既评价学生获得的运动知识和技能，同时又注重学生在体育与健康课程学习中的行为表现；既注重评价学生学习的结果，更注重评价学生学习的过程；既注重评价学生在体育与健康课程学习中的能力因素，也关注情感因素。实质上这就是评价内容的多元化，从不同的角度、多元的视角来评价学生的学习，这样就会出现多一把尺子，也就会多一批好学生。

印度流传着这么一个“挑水工与裂缝水罐”的故事：一个小村落里有个专门挑水为生的挑水工，他有两个水罐，一个完好无损，另一个有一条小小的裂缝。每天，这位挑水工用这两个水罐从远处的小溪把水挑回主人家，每次回到家时那个有裂缝的水罐中只剩下半罐水。日复一日，月复一月，挑水工早晚不停地挑水，肩上始终是那两个一好一裂的罐子，那有裂缝的罐子始终是半罐水。一天，裂缝水罐心里很纳闷，它疑惑地问挑水工：“我身上有裂缝，你每次挑水虽付出了气力，却因我少得半罐水，而你为何一直不嫌弃我呢？”挑水工指着那条路径旁美丽的鲜花和青翠的小草，笑眯眯地说：“我在你漏水的地方撒了花草种子，因为你，才使路边的花草鲜艳美丽！”裂缝小罐仔细一看，果然，路旁的花草鲜艳夺目。裂缝小罐笑了，笑得很灿烂。

这个故事给人的启迪是：残缺也能创造美丽和奇迹！已经破裂了的水罐通常是被人们视为废品丢弃在一旁的。然而，那个挑水工却不平常，他不仅发挥了裂缝水罐的作用，还使它的短处变成了长处，而且用独特的方式教会它发现了自己的价值。

体育与健康课程不是培养运动员，而是为了促进学生全面发展。只要老师去发现，在体育学习上每个学生都有自己的优势领域；同时评价内容全面了，学生也更容易知道自己的长处和短处，可以有针对性地进行自我完善。所以我们的评价不能仅仅是一刀切，不能仅仅重视秒表和皮尺的测量、强调量化成绩。评价内容需要多元、全面、客观，当学生在学习过程中所付出的努力得到评价和认可的时候，学生参与学习的积极才是发自内心的。我们就像印度挑水工那样，不歧视有裂缝的水罐，懂得如何发现每一个生命存在的价值，并用欣赏天才一样的目光去欣赏我们身边的学生。多用一把尺子去发现学生，就会给学生多一个希望，让每个学生在生命的旅途中发现自身的价值，浇灌出“一路花香”！

在最后为大家提供郑州市教育局教学研究室金永明老师在他的《中小学体育与健康课学习评价方法的应用研究》一文中使用的一份评价表，也许大家会对多元、全面的评价内容有更为深刻的认识。

【案例】水平四(7～9 年级)学生体育课学习成绩评价表

<table>
<tr><td colspan="7">体育课测验参考量表</td><td colspan="6">体育与健康成绩综合评定</td></tr>
<tr><td rowspan="2">体育课分数</td><td rowspan="2">四级分制</td><td rowspan="2">百分位数</td><td>身体素质和运动能力</td><td colspan="3">运动技能</td><td></td><td>优秀</td><td>良好</td><td>及格</td><td>不及格</td><td>得分</td></tr>
<tr><td></td><td colspan="3"></td><td>运动技能</td><td>2.0</td><td>1.75</td><td>1.5</td><td>1.25</td><td></td></tr>
<tr><td>5</td><td>优秀</td><td>100
95
90</td><td></td><td>100
95
90</td><td>100
95
90</td><td>100
95
90</td><td>运动参与</td><td>1.0</td><td>0.75</td><td>0.5</td><td>0.75</td><td></td></tr>
<tr><td>4</td><td>良好</td><td>89
85
80
75</td><td></td><td>89
85
80
75</td><td>89
85
80
75</td><td>89
85
80
75</td><td>身体健康</td><td>1.0</td><td>0.75</td><td>0.5</td><td>0.25</td><td></td></tr>
<tr><td>3</td><td>及格</td><td>74
70
65
60</td><td></td><td>74
70
65
60</td><td>74
70
65
60</td><td>74
70
65
60</td><td>心理健康社会适应</td><td>1.0</td><td>0.75</td><td>0.5</td><td>0.25</td><td></td></tr>
<tr><td rowspan="2">2.5</td><td rowspan="2">不及格</td><td rowspan="2">59
55
50
45
40
35
30</td><td rowspan="2"></td><td rowspan="2">59
55
50
45
40
35
30</td><td rowspan="2">59
55
50
45
40
35
30</td><td rowspan="2">59
55
50
45
40
35
30</td><td colspan="4">合计</td><td colspan="2"></td></tr>
<tr><td rowspan="2">等级评定</td><td colspan="5" rowspan="2">优秀
良好
及格
不及格</td></tr>
<tr><td>平均得分</td><td colspan="2"></td><td></td><td></td><td></td><td></td></tr>
<tr><td colspan="13">教师寄语:(示例)
你在篮球课学习中不仅能认真出色地完成动作,而且还能积极协助老师组织教学比赛,对学习有困难的同学能给予学习上的帮助。在教学比赛中老师发现你有一些不足,就是体能差一些,这样会影响你今后篮球技术水平的发展。希望你今后要加强体能方面的锻炼,你看行吗?</td></tr>
</table>

评价需要尊重学生的个体差异

【案例】江苏省南通中学篮球模块纵向评价实践

1. 建立系统的学生成绩档案

学生之间存在着一定的个体差异性，同年龄的学生可能因为遗传、发育等原因造成了身高、体重、运动能力等的不同。有些同学主观上很努力，锻炼也很刻苦，但在考核中却总是赶不上那些先天条件优越也无须付出太多努力的同学。这是个体差异的反映，是必然的。而以运动成绩为中心的传统评价模式则忽略了个体差异性和学生的个性发展。这种评价上的“晕轮效应”不仅有失偏颇，而且有碍学生的健康成长。

因此，在学期之初或在某一个学习模块（或单元）学习的起始阶段，教师要做一个基本的测试，获得初始数据，对学生的基本情况有一个了解，建立初始档案。同时对学生从开始到结束的学习过程要有深入的了解，建立系统的学生成绩档案，并以此为标准，客观地对学生的运动考核成绩进行纵向评价。（见表 1）

表 1　纵向评价学期记录表

身体形态	身高	时间					
		成绩					
	……	时间					
		成绩					

续表 1

身体机能	肺活量	时间					
		成绩					
	……	时间					
		成绩					
体能	台阶	时间					
		成绩					
	……	时间					
		成绩					
运动技能	篮球	时间					
		成绩					
	……	时间					
		成绩					
……	……						

2. 确定多元全面的评价内容

纵向评价不仅要评价学生在体育与健康课程中学习运动知识和技能的情况,还要评价他们在体育活动中的具体表现;不仅要关注学生在体育与健康课程学习中的能力因素,还要关注学习情感与行为表现等因素,既评价学习的结果,又评价学习的行为。这样全面地评价学生,不仅能促进学生心理素质的全面发展,提高学生的运动技能水平,而且还能完善和健全学生的人格品质。对于多元的评价内容在学习的不同阶段要确立评价的侧重点,比如在技能学习的开始阶段,对技能就不宜做过多过细的评价,评价应侧重于学习态度、学习与练习行为上;而到了技能学习的后期,运动技能的评价就成为重点。

表 2　篮球模块学习评价表

<table>
<tr><td colspan="2">项　目</td><td colspan="6">篮　球</td></tr>
<tr><td></td><td>内容</td><td>一</td><td>二</td><td>三</td><td>最优</td><td>原始水平</td><td>进步情况</td></tr>
<tr><td rowspan="3">体能</td><td>弹跳摸高</td><td></td><td></td><td></td><td></td><td></td><td></td></tr>
<tr><td>速度</td><td></td><td></td><td></td><td></td><td></td><td></td></tr>
<tr><td>肌肉力量</td><td></td><td></td><td></td><td></td><td></td><td></td></tr>
<tr><td rowspan="2">技能</td><td>一分钟投篮</td><td></td><td></td><td></td><td></td><td></td><td></td></tr>
<tr><td>全场往返运球</td><td></td><td></td><td></td><td></td><td></td><td></td></tr>
<tr><td></td><td colspan="2">内容</td><td>2 次</td><td>3 次</td><td>4 次</td><td>4 次以上</td><td>自己的话：</td></tr>
<tr><td rowspan="4">学习表现</td><td colspan="2">掌握几种两人配合的进攻技术</td><td></td><td></td><td></td><td></td><td rowspan="4"></td></tr>
<tr><td colspan="2">一周进行几次篮球活动</td><td></td><td></td><td></td><td></td></tr>
<tr><td colspan="2">在同学面前表现动作或配合</td><td></td><td></td><td></td><td></td></tr>
<tr><td colspan="2">对其他人的学习作出几次评价</td><td></td><td></td><td></td><td></td></tr>
<tr><td colspan="4">同学的话：</td><td colspan="4">老师的话：</td></tr>
</table>

3. 评价方法

对学生运动成绩的评定，可以依据各单项运动项目考核进行评分，也可参考《体育锻炼标准》或体育课锻炼项目评分表来进行，也可以根据本校的实际情况来具体实施。

在学生进校或者学期开始的时候，对课程标准要考核的身体素质和运动技能进行测试，并将测试结果记录存档。以后把每学期或学年末的测试成绩与之作比较，按是否进步和进步的幅度进行评价。如果不同学期都学习同一项素质或技能，则将前一次测试成绩视为后一次测试成绩的比较对象。此外，对学生学习态度的纵向比较，可采用学生自评、学生间互评和教师评定相结合的方式进行。

表3　纵向比较法评价的权重分配

考核评价项目	分值比例	进步一般	进步较大	进步很大	进步相当大
进步幅度	30	15	20	25	30
体育学习态度	20	5	10	15	20
课标考核项目	50	按课程标准要求项目进行考核			

（注：进步幅度的不同分值按预先制定的标准执行）

——案例来源：节选自南通中学高中体育课程实施方案

这是一个篮球模块学习进行纵向评价的过程，从中可以看出学习过程中对体能和技能进行多次考核，实施了纵向评价。在对这个案例进行讨论之前我还想跟大家交流一个 50 m 跑的例子，实质上这也是我们进行纵向评价实践研究的起点。

一个学生 A 原始成绩 10 秒，另一个同学 B 原始是 8 秒。这就是现实的差距。但是 A 同学从 10 秒提高到 9.5 秒；B 同学从 8 秒提高到 7.9。你让我判定他们之间的进步幅度，给出一个进步的评价，这真的难倒我了。但是我们可以这样来比较，假如说 B 同学从 8 秒提高到 7.5，也是跑快了 0.5 秒，那我想与大家交流的是两者的 0.5 秒，A＝B 吗？作为体育老师来讲这两者的 0.5 秒的内涵是不等价的。有可能 B 同学提高 0.2 秒付出的努力就可能等于或者大于 A 同学提高 0.5 秒所付出的，没有科学研究过，这是举例，不够严密，但是我想能够说明问题。

当然关注学生个体差异，关注学生的进步不能简单地就是关注学习过程，而不关注学生的学习结果。其实学生在体育学习过程中经历了懂、会、能这几个学习过程，那就是一个学习结果，但是由于个体差异的存在，不可能所有的学生都达到了“能”的层次。有些同学付出了最大的努力 50 m 也跑不进 7.5 秒。如果说我们放弃了进步幅度的评价的思想，那这一些学生的学习又有何意义？如果拓展到整个教育层面，看来有些学生天生就不是读书的料，何苦走进学校，步入课堂？就是对于跑得快的同学来说，轻易地就达到满分的标准，如果说我们放弃了进步幅度的评价的思想，那他还有什么可以奋斗的目标，那他的学习和付出的努力又有何意义？

正如上所述，学生之间存在着一定的个体差异性，同年龄的学生可能因为遗传、发育等原因造成了身高、体重、运动能力等的不同。有些同学主观上很努力，锻炼也很刻苦，但在考核中却总是赶不上那些先天条件优越也无须付出太多努力的同学。这是个体差异的反映，是必然的。而以运动成绩为中心的传统评价模式则忽略了个体差异性和学生的个性发展。这种评价上的“晕轮效应”不仅有失偏颇，而且有碍学生的健康成长。所以我们尝试着在体育学习中采用“纵向、进步”的思想来评价学生的体育学习，收到了以下一些效果。

1. 促进学生不断调整自己的学习状态

纵向评价注重对学生体育学习过程的各个阶段的评价，它不同于传统的只注重最终运动成绩的评价模式。这样，学生会注意自己在整个学习过程中的综合表现。另外对学生学习某一运动项目的评价也是采用纵向的定性与定量相结合的方法，由于剔除了单纯的达标评价方法，所以通过观察自己对某一运动项目在一段时间(学期初期—期中—期末考核)的成绩变化，会促使学生有意识地去洞察自己体质、体能等方面的变化，并找出自己的不足之处，从而不断调整自己的学习状态。

2. 有效培养了体育基础差的学生的锻炼习惯

采用纵向评价的方法，可以以各自的初次考核成绩为参考标准，通过多个阶段的学习，把技能提高、体能增强等方面的结果以量化的指标记录下来加以比较。考核成绩的记录计算可参照评分表的级差进行，从中可以体现出学生成绩的增长趋势，进而消除了以往绝对评价中学生之间在身高、体重、运动能力等方面存在的个体差异，激发了体育基础差的学生的学习热情，有效培养了学生的锻炼习惯。

3. 真正落实了“面向全体学生”的指导思想

纵向评价的评价方法避免了学生之间的横向比较，注意学生自身成绩在原有基础上提高水平的评价，不仅有助于提高基础差的学生的体育锻炼的自信心，同时还能促进体育能力较强的学生树立更高的学习目标。在实施具体的教学工作中，教师合理采用教学手段，多给学生练习的机会，并引进教学鼓励机制，让所有的学生都能够看到自己学习的进步。

分数真的那么重要吗?

【案例】超越100分——打分激活了孩子

教学内容:

跳远练习。

教学背景:

现在我们的体育考核评定,已实行了等级制,有优、良、合格与不合格(即A、B、C、D)四个级别。可是,由于我们长期以来,施行百分制,使"分数"这一概念在学生的心目中占了相当大的位置,一时无法消除。那么,能否在一些体育与健康教学活动中,通过改变以往的评价标准,以技术评定代替"绝对"的远近成绩,恰当地运用给学生"打分"和"打高分"的方法,以增强他们参加体育锻炼的兴趣,提高学习积极性,从而取得良好的教学效果呢?

案例描述:

这是三(1)班的跳远课,准备活动后,开始了跳远练习。一年级时,同学们已对蹲踞式跳远有了初步的认识,练过几次,现在看来,效果并不好。练了一会儿,没有几个跳得好的,绝大部分还不会跳,情绪上看来也不是那么高,有的同学已开始东张西望了。看到这样的状况,我想,怎么办呢?突然,一个念头出现在我的脑海里,给他们的动作打分,那就试一试吧!

“100 分!”我对两个动作完成得较好的同学说道。

“什么?”他不明白。

“你跳得很好,可以得到 100 分。”我肯定。

“我得了 100 分!”他欢呼着跑向排着的队伍。

得了 100 分,这个消息像个小炸弹,一下子就炸开了锅,孩子们的兴趣猛地上来了。

“80 分。”

“90 分。”

“70 分。”……

“100 分!”又是一个跳得不错的同学。

接下来的一个跳得更出色,得分理应高于前一位,但已到了 100 分——满分了,怎么办?

“110 分!”我大胆地说道。

“110 分?”他想都没敢想,但看着我点头,他确信了。“我是 110 分!”这位同学高喊着冲向大家。

110 分? 哇! 这么多! 其他科是没有的,不可能得到的,大家眼睛都瞪大了。

这时,我让大家排列于沙池两边,以热烈的掌声邀请得到过 100 分和 110 分的同学表演,看一看他们为什么能得到那么多分。这是因为:① 助跑快速,② 起跳有力,③ 双脚落地收腹好。

同学们这次终于弄清楚了得到高分的秘诀,接下来的练习效果完全不一样了:跑得快了,跳得有力了,收腹落地也好了。80 分以下的渐渐少了,有的已得到了 130 分。我的声音也越来越高了。

有位同学在连续得到三次 80 分后,有些丧气,“又是 80 分。”这我注意到了,在下一次他跳过后,我给他打了 90 分,再下一次,给了98分。眼看着离100分越来越近,他愈是努力了。

以后的打分,对同一个学生,我多数都是愈打愈高,个别跳的动作质量确实有下降的,我也会打低于前面的分数,但会告诉他为什么。

不停地打分,分数不断向上突破,同学们愈加高涨的情绪,使我早已忘记了后面要安排的爬竿和猴子天梯。快下课时,最高得分已达150分了。我口也渴了,嗓子也有点哑了,同学们还是热情不减。获得100分以上的同学,有男的,有女的;有高的,有矮的;有胖的,有瘦的。

下课了,同学们还意犹未尽,我离开了沙池,却仍有人在跳。特别需要提到的是国威同学,他的身体素质和智商,在全班来看都不是很高的。在一二年级学习跳远时,他的技术动作,算是比较差,今天最初得的是60分,然后是70分、80分,最后是90分、100分,他的练习热情空前高涨。这时,有的同学已是120分、130分,他就问我:“老师,怎样才能得到130分?”我告诉他方法,并且鼓励他:“等你得到130分时,老师要请你当小老师,给同学们表演。”通过努力,那次课他最终得到了130分。可是,下课的铃声响了,我只好告诉他,下节课老师请你表演。

第二节课仍然是复习、提高、巩固跳远技术。国威的得分已达到了150分,成为全班最高得分者之一,跳得也更远了,可我却忘了请他表演,准备让同学们玩猴子天梯和爬竿。这时,他立即到我面前:“老师,你上节课说了这节课请我表演的。”这时,我才想起说过的话,马上让同学们回到沙池边上,请国威表演了三次,他赢得了同学们热烈的掌声。

后来,国威时常跑来告诉我,他什么时候去练了跳远,什么时候去楼下(家里)的草坪上又练了跑。这个原来身体素质和智商都不太好的同学经过积极主动的学习，素质得到多方面提高。

——案例来源:季浏,《体育与健康——新课程课堂教学案例》

其实作为一堂普通的跳远练习课，应该说是比较单调乏味的。可是一个评价标准的改变，给这较枯燥的跳远练习带来了生机、带来了活力。学生们想跳了，要跳了，争着跳了，讲解技术动作要领时大家也全神贯注了，学习效果也不错了，教师也喜欢上跳远课了。看来，在我们的教学中，观念的更新，方法的转变，突破以往旧的模式、旧的框框，就成了我们当前课程改革所要做的一项大的工作。特别是评价体系的变革，评价标准的多元化，将是直接影响到我们教学工作的方向和效果的重中之重啊！这给我们以启示，在我们今后的教学中，不断地创新，才能取得好的教学效果。

学生的心里，都有非常强的荣誉感，有争强好胜的心理，而他们判断问题的标准却比较单一，不够全面，往往是需要通过老师们的评价来给予判定。在体育与健康教学中，我们都有这样的体会。比如在教一二年级跳远的时候，学生们判断优劣的标准，开始往往是根据跳得远近来衡量的:跳得远的，"好厉害呀";跳得近的，"不行啦"。对于跳远来说，比的就是跳得远近，对于学生们来讲，这无疑是最直观的，最容易感知的，也应该是对的。但是，却不能说是非常全面的。因为，跳得远近，由两个方面决定，一是身体素质，二是技术动作。身体素质好，自然跳得较远，但要更远，就要加上好的技术动作了。体育课，不但是锻炼身体的课，也是学习体育知识、技术动作的课。对于身体素质较差的学生，可能很难跳得过身体素质天生就好的同学，他们是否只能在体育与健康课上充当配角，甘当弱势群体呢？我想不是，他们可以通过对技术动作的学习，在技术方面赶上来，甚至超过身体素质优异者，成为技术学习的强者，从而给体育锻炼增加兴趣，给学习带来信心，真正成为体育运动的受益者。

该次课中，体育教师的一个念头，一个大胆的“试一试”，一个形式上体现出的小小的“打分”和“打高分”，看似变化不大，但将跳远由传统的比远近改为比技术评定，实质上反映出的是评价标准的转变。这一转变，尊重了学生的主体需求，实际上起到了激活孩子们的作用，这正是我们在课程改革中的不断前进的表现。

为学生铺就进步的阶梯

【案例】星级评价法

一、"星级评价法"的操作方法

学生在整个学习过程中以"摘卡"为目标，摘取的"卡"分类为"绿卡"、"铜卡"、"银卡"、"金卡"。这四类卡分别代表四个不同的梯度，分别为三张绿卡换一张铜卡，三张铜卡换一张银卡，三张银卡换一张金卡。获得"金卡"的学生最终被评为校级体育明星。

二、"星级评价法"的评价内容和方法

根据体育与健康课程标准目标与内容和各水平领域的目标要求，"星级评价法"在实际应用中以学生的体能评定、知识与技能的评定、学习态度的评定、情意表现与合作精神的评定和体育特长的评定等五方面来进行评价。

1. 学生体能的评定

发展体能既是体育与健康课程的重要内容，也是"体育与健康"课程的重要目标。根据各个学习水平的体能发展目标与内容框架和对照《学生体质测试标准》，教师可选择几个体能指标在学习过程中进行评价。每一个指标在测试完毕后，教师可根据实际水平对学生进行"绿卡"的发放。具体的做法是每次测试完毕后给测试成绩在班级前十五名的学生和体能成绩有明显进步的学生进行"绿卡"的发放。其中对"成绩明显进步的学生"，在"绿卡"发放时需学生所在小组的同学进行集体讨论后表决，以少数服从多数的原则进行发放，保证事实的客观公正。

2. 知识与技能的评价

知识与运动技能的评价包括对学生健康知识评定和运动技能评定。健康知识评价内容主要包括学生对健康知识及其对社会价值的重要性的认识，进行体育锻炼的方法和掌握有关知识运用于实践的情况。因此这方面的评价一般都在进行健康知识课的教学和期末时进行。对于在健康知识课上有杰出表现的学生，适时地发放“绿卡”以鼓励学生学习的积极性；在期末采用答问、实践操作、互评等方式，对表现出色的学生发放“绿卡”。

运动技能的评价主要评定掌握符合一定水平目标要求的运动技能及运用于实践的情况，教师进行“星级评价”应把过程性评价和终结性评价，师评、学生互评和自评相结合。达到目标和要求的学生发给“绿卡”。当然在实际应用中也应该经常性地给课堂表现出色的少数学生，如能进行大胆示范、出色完成任务等有上佳表现的学生当场给予“绿卡”的奖励。

3. 学习态度的评价

学生的学习态度包括出勤情况和平时表现两方面。学生对待体育学习的态度如何，直接影响学生终身体育意识的培养和“健康第一”教育理念的形成。在进行“体育星级评价”时，应每月对学生进行评价考核，鼓励学生学习的积极性。具体做法是：由体育委员对每位学生的体育课、课间操、课外活动、早锻炼等出勤情况进行记录，全体学生进行监督。学生一个月出全勤并能进行自觉学习锻炼的发给“绿卡”一张。当月中缺席两次以内的暂时不给“绿卡”，如下一个月出全勤则补发这个月的“绿卡”，如下个月仍没出全勤则不给“绿卡”。缺席两次以上的则不给“绿卡”。

4. 情意表现与合作精神的评定

对于学生情意表现与合作精神的评定，在“星级评价法”中一般采用师评（包括班主任和任课教师）、小组互评、自评和家长评定等联合进行权重评价的方法。具体内容参照课程标准中的相关内容。学生的评价总分(分为情意表现和合作精神两项)达到85分及以上可以分别获得情意表现和合作精神评价的“绿卡”。

5. 体育课程特长方面的评定

“体育星级评价法”为了鼓励学生积极参加体育锻炼、发挥特长,牢固树立“健康第一”的思想,同时也为各级各部门提供体育后备人才打好基础。对特长学生的评价作了以下规定:凡能代表县市参加地区级及以上各类体育比赛的直接发给“金卡”;凡能代表学校参加县市级各类体育比赛者(包括田径比赛、三棋比赛、乒乓球比赛、游泳比赛等等)发给“铜卡”一张;获得前三名者分别发给“金卡”一张、“银卡”二张、“银卡”一张,第四至六名发给“铜卡”二张;凡能代表班级参加校级各类体育比赛获得前三名的学生分别发给“银卡”一张、“铜卡”二张、“铜卡”一张。有关体育类的集体项目获奖视实际情况由体育教师发给学生各种对应的“卡”。

——案例来源:《体育教学》2006年第2期,作者:钟恒炳

体育新课程评价改革的目标是“改革课程评价过分强调甄别与选拔的功能,发挥评价促进学生发展、教师提高和改进教学实践的功能”。美国著名教育评价学者布卢姆和他的同事也多次尖锐地指出:“评价最重要的意图不是为了证明,而是为了改进”,“对结果进行评价意味着终结性;而对过程进行评价则暗示着还有改进的时间和机会”。

“星级评价法”主要采用的方法是教师在教育过程中对学生的学习表现和结果进行即时、有效的评价,引导学生学习活动的方向和强化学生的学习,肯定学生已有的发展成就,增强学生的自信心,提高学生的学习兴趣。

“星级评价法”在实践过程中既类似于形成性评价,又形同于学生的发展性评价。是在教育过程中为调节和完善教学活动、引导教育过程正确高效地前进而对学生学习结果所采取的评价。评价包括了学生的即时性评价和终结性评价。关注学生发展的全面性和评价内容

的多元化，注重了学生的主体作用和个别差异。在实践应用过程中，教师可以公正及时地给学生进行评价，发给学生“绿卡”加以肯定和奖励；学生可以在许多的评价内容中，收获“绿卡”，在不断进取和鼓励中获得成功。同时由于以上过程的积累，学生的终结性评价也变得简单可行。如在体育课成绩评定时，可以依据“金卡、银卡、铜卡”的多少来确定学生体育成绩的等级；在进行评语式评定时，可以依据学生获的是哪一类的“绿卡”或在哪一方面没有获得“绿卡”来给学生一个明确的评价，指明今后努力的方向。

课堂上的学习评价一般都是瞬时评价、即兴评价，它关注的是学生当前的行为表现，它所具有的效应也多是短期的，但“星级评价”突破了课堂的局限，只是把学生的课堂表现作为一种学习成果并与阶段评价、学期评价相结合，把课堂内外有机结合，不孤立任何一种评价形式，从而建立完整的、科学的评价体系，不仅让学生在体育学习方面形成了你追我赶的良好局面，同时也让课堂评价为学生的长效发展服务。

评价也是学生的权利

【案例】技巧组合动作学生互评案例

学习目标：

(1) 熟悉技巧成套组合的动作构成，能够选择测评内容制定评价标准。

(2) 小组分工明确，学会制作评价表。

(3) 仔细观察、认真分析、准确评价、自我借鉴。

学习内容：

各小组讨论，选择测评内容、制定评价标准，制作评价表—小组内进行评价工作分工——小组内进行尝试评价，检验分工和汇总的相互评价程序—教师宣布考核顺序和小组互评安排—开始考核，各组进行相互评价—上交评价表。

学习步骤：

(1) 考核前的准备：

① 各学练小组复习自我创编的技巧组合，思考组合动作应从哪几个方面去进行测评。

② 教师语言提示各组为相互评价做好准备工作，各个小组在学练组长的带领下讨论选择测评内容、制定评价标准，制作评价表(见下表)。

相互评价表

学生姓名	动作准确★★★★	身体姿态★★★★	连接流畅★★★★	组合创意★★★★	积极参与★★★	安全保护★★★	整体感觉★★★★	总体评价
	★★	★★★	★★	★★	★★★	★★	★★	一般
	★★★	★★★	★★★	★★	★★★	★★★	★★★	良好
	★★★★	★★★★	★★★	★★★	★★★	★★★	★★★★	优秀

注:总体评价标准:22 颗星以上——优秀;18 颗星以上——良好;15 颗星以上——一般;15 颗星以下——还要再加油。

(2) 相互评价的准备:

① 教师:“在相互评价时每位同学具体观察的着重点应该有所分工,这样才能有利于更好地做出准确评价。”

② 各个小组在学练组长的带领下,进行评价工作的具体分工:三人负责“动作准确”、“身体姿态”方面的评价,三人负责“连接流畅”、“组合创意”、“积极参与”方面的评价,两人负责“安全保护”、“整体感觉”方面的评价,组长负责汇总后的总体评价。

③ 各组进行预演,由一位同学做组合动作,其他组员进行尝试性评价。教师参与到各个小组中,指导分工后每人的具体测评角度和方法,一起检验整个评价流程是否完整、合理。

(3) 开始考核,小组进行相互评价:

① 教师宣布考核顺序和小组互评安排:第一组考核,第二组进行评价;第二组考核,第三组进行评价;第三组考核,第四组进行评价;第四组考核,第一组进行评价。考核开始。

② 第一组考核完两位同学后,教师来到第二组看看他们的评价工作,请两三位负责不同项目测评的组员给大家谈谈,是如何做出这样的评价的。学生:“××同学的动作基本到位,但在身体姿态的控制方面还不够好。”教师:“请举例说明。”学生:“在做俯平衡时,身体明显不稳,后滚翻完成得不在一条直线上。”教师:“你认为

是什么原因造成的?”学生:“他的腰腹部力量不足,加上有些紧张吧。”教师:“很好!你观察很仔细。同学们,评价既是对别人进行评价,也是在对自己进行评价,评价的过程不仅让同学们学会知识,而且能锻炼同学们运用知识的能力。你们在相互评价时一定要注意分析、思考和自我借鉴。”

③ 第一组考核完毕,第二组上交考核评价表。教师请第二组组长谈谈对第一组自我创编的技巧组合的总体评价。组长:“这套组合整体感较好,动作的连接比较流畅,在动作素材的选取上加上了武术里的鲤鱼打挺动作,很有创意。”教师:“这套组合你觉得还有哪些不足之处?如果让来做你会怎么加以改进?”学生:“……”

——案例来源:2007 年教育部体育与健康远程研修平台

以往的体育学习评价主体单一,教师是教的主体,同时也是对学生学习评价的主体,是绝对的权威;学生是被教的对象,是评价的客体,学生只是被动地接受评价。学生在评价主体单一的模式下堆积了失望,也放弃了对评价主体活动的积极介入,并且学生形成一种不积极参与和不能够与主体互动的评价活动,始终处于一种被评价的角色当中,而且在运动中处于消极、被动的地位,及格或“达标”就是归宿。

体育新课程则主张从教师一元评价转向师生评价、生生评价的评价体系,在学生学习的评价中,既有教师的评价、学生自我评价、学生间相互评价,也有家长参与的评价方式,应建立教师、家长、管理者和学生的多主体共同参与、交互作用的评价模式。

让学生直接参与评价活动,将学生的自评、互评与教师的评价有机地结合起来。这样学生也可以对自己的基本状况有一个清醒的了解和正确的认识,在此基础上看到自己和他人的长处与不足,把学生的体育学习评价过程也变成教育和体育教学指导的过程,变成不断促进学生健康、全面发展的重要手段。同时让学生参与到评价中来,学生会感到非常兴奋,会感受到一种尊重,会激发学生参与的积极性。这样的评价模式更能突出学生的个性化发展,学生能在学习中体验成功的乐趣、享受运动带给他们的快乐，使评价更有利于学生的健康成长，评价会更全面。

从心理学的角度来说，个人在认识别人的品质时，就开始形成对自己的评价能力，只有在他人的评价中，才能不断调整自我的评价。为了培养孩子的自我评价能力，我也在课堂上处处引导他们，比如：让学生评价别的小朋友的动作学习或者表现，并让他们学会评价的语言，诸如“我有建议……”、“我要表扬……”、“我觉得……”让他们在别人的评价中不断提高自己，也使他们增加学习的兴趣。

我们可能会担心，让学生参与到评价中，怎么能体现客观。这种担心是可以理解的，但也是不必要的。实际上我们教师面对的是几百个学生，他不可能对所有的学生的学习情况都很了解。如果仅仅依靠教师一个人对几百个学生进行评价的话，在提倡多元、全面评价内容的背景下，反而是很难做到客观的。让学生参与学习评价，实际上就弥补了教师对几百人的评价上的不足。

学生是教学目标的实践者，只有亲身体验的内容，才能正确地评价它，特别是那些无法用定量表现的内容，包括情感、意志、态度、兴趣等，都是外在不易显露的心理倾向，只有通过自我评价才能获得真实的材料。一个善于运用自我评价的学生，他可以依据教学目标随时评价自己，使自己始终保持在教学目标指引下的定向学习状态。为使学生更好地实现自我评价，要求他们结合教师的教学目标制定自己的学习目标，以此作为自我评价目标。

我们应该相信学生的诚信，换个视角，这何尝不是一个对学生诚信评价的契机呢？退一步来讲，即便我们对学生自我评价不放心的话，还可以进行学生相互之间的评价，也可以弥补学生自我评价的不足。因为学生们学习生活都在一起，他们接触的时间最长，他们之间的了解应该要比教师对他们的体育学习了解得更多、更深。教师有可能只了解学生课堂学习的表现，但教师很难了解学生在体育课以外的各种体育活动的情况，这个只能通过学生自评和学生互评来实现。所以说只有实行评价主体的多元化，对学生的评价才能真正体现它的公平性、公正性、客观性。

在评价的目的上还有一个重要的目标:培养学生正确认识自己和评价自己与他人的能力,这个目标是社会适应领域里面的内容,是学生走上社会以后必须要具有的一个能力。而且这是一个重要的能力,在学生自评和互评的过程中,就可以培养学生的这种能力。因此,不管是评价自己还是评价别人,对孩子们都很重要,不仅可以提高自己还能提高别人,对他们将来也有着重要作用。这需要我们体育教师去正确地引导他们。

表扬是送给孩子最好的礼物

【案例】一个大拇指神奇力量的验证

给学生竖大拇指有着神奇的力量，说了你也许不信，但我却是亲身领教过。我任教的一(1)班有一个极为好动、脾气暴躁、性格又很倔的男孩，课堂上他不听指挥，“撩猫斗狗”总是在动，一刻不得安稳，给他换了几个位置，他到哪儿哪儿乱。我批评他，他就对我做鬼脸，还用眼睛瞪我，着实是个调皮虫。在一堂练习各种走的课上，他在认真模仿解放军走，练习很投入，我欣喜万分，对他竖起了大拇指。谁知我这个不经意的动作却使他精神一振，马上身子一挺，练习得更起劲了。大拇指的神奇力量出现了。我一看，不由得又对他竖起大拇指。

课后我再一次把他留下来谈心，以前是批评和引导，现在是表扬和鼓励。我对他说：只要表现有进步，老师都会随你竖起大拇指，表扬你。孩子高兴地点点头，调皮地跑开了。在以后的体育课上他一有进步我就给他竖大拇指，他一调皮我就表扬他身边的人。经过几次课的强化，他进步很大，竖大拇指的表扬方法真的很有威力，效果很好。

——案例来源：《体育教学》2010 年第 8 期，作者：郭锋

“你真棒”、“你真了不起”是我们公开课教学中听到使用率最高的表扬词，向学生竖起大拇指是用得最多的肢体语言，奖励一颗五角星是用得最多的物质奖励方式。课堂上运用表扬法可以激励学生的积极性，提高我们课堂的教学效果。

表扬是教育培养学生的一个重要手段。表扬能够促进孩子良好行为的持续发展，培养孩子良好的行为、道德规范和自我认识。每一个人都希望得到别人的赞扬，孩子们也不例外。表扬孩子是非常重要的，它的作用常常要比批评大得多，效果也要好得多。一次小小的表扬和鼓励，对孩子的影响有时是终生的。

也许是由于文化的差异，我们有些老师不太愿意当面赞美和夸奖学生，也许是担心会产生副作用，让孩子滋生出骄傲自满的情绪。于是，为了让学生具有谦虚谨慎的态度，为了让学生成为完美的人，老师便经常不断地在学生身上挑缺点、找毛病。一般大家都认为优点不说不会出什么问题，缺点不指出就是对学生的不负责任。对于学生的良好表现，则认为这是应该做的，是正常现象。事实上，如果没有赞扬和鼓励，任何人都会丧失自信。作为未成年的学生更加渴望得到别人的肯定，真诚而恰到好处的表扬，不但会使孩子快乐，而且会成为他们积极向上的动力，甚至会影响其个性的发展。既然表扬有这么重要的作用，我们又何必吝啬呢?

所以，我们的要学会用欣赏的眼光看待的学生，这是送给孩子的最好的礼物!

人类行为学家约翰·杜威曾说:“人类本质里最深远的驱策力就是希望具有重要性，希望被赞美。”每个人都希望被赞美，在心理学意义上源自于个体渴望被尊重、被认可的精神需求。一旦这种精神需求被满足，人就会充满自信和动力。

当然，随着赏识教育的日渐深入人心，有些老师在对学生进行表扬时，运用不是很恰当，也许陶行知先生的经典故事会给大家更深层次的启发:

人民教育家陶行知在育才小学担任校长的时候，有一次在校园里看到王友用泥块砸自己班上的男同学，当即劝阻了他，并让他放学后到校长办公室来。放学后，陶行知来到校长室，王友此时已站在门口等着挨训了。可是出乎意料，陶行知并没有批评他，反而从兜里掏出一块糖果送给王友，并说："这是奖给你的，因为你按时来到这里。"王友心怀疑虑地接过糖果，不知是怎么回事。接着，陶行知又掏出一块糖果放到他手里说："这第二块糖果也是给你的，因为当我不让你打人时，你就立即住手了。"这使王友更加惊疑。这时，陶行知又掏出第三块糖塞到他手里说："我已经调查过了，你用泥块砸那些男生，是因为他们欺负女生；你砸他们，说明你正直善良且有跟坏人坏事做斗争的勇气。"王友感动极了，他哭着说："陶校长，我错了，我砸的不是坏人啊！"陶行知满意地笑了，他随即掏出第四块糖，"可惜我只有这一块糖了。我的糖送完了，我看咱们的谈话也该结束了。"

体育课堂即时评价的变化

【案例】从“不好”到“不足”

这是高一年级女生的一节篮球选修课，我在做完行进间低手投篮动作示范之后，让同学们开展自主学练，在巡视过程中我发现陈燕同学总是躲在其他同学后面不肯练习。这位同学做动作的协调性不是很好，平时练习时也总是担心别的同学的嘲笑她。于是，我走过去关切地问：“陈燕，动作练得怎样？做一次给老师看看！”她很快把动作做了一遍：动作有点僵硬，投篮时双手将球毫无方向地往“天上”一抛。一旁观看的同学有的窃窃私语：“这个动作也太差了吧……”陈燕不太在乎地说：“老师，我动作做得不好。”我心想：自己知道不好还不多练习！可话到嘴边却未说，因为这样批评她会挫伤她的自尊心的。于是，我说：“你的动作不是不好，而是存在不足。注意跑动节奏和投篮命中率，多多练习会做得更好的！”我一边指导她继续练习一边在想：无论是教师评价还是学生自评互评，都应该慎用“不好”、巧用“不足”。

集中讲评时，我语气平和地说：“下面我想请几位同学出列示范一下，我首先想请陈燕同学展示一下。”她胆怯地走了过来，把刚才练过的动作又做了一遍：动作不流畅，投篮没有进步。做完后陈燕不自然地站在一旁。我环顾大家，带头鼓起了掌，大家也跟着鼓掌！我走到她身边，语气轻松地说：“你的动作还是有较大进步的，你能谈谈练习行进间低手投篮的体会吗？你觉得应该怎样更好地掌握动作呢?"她喃喃地说:"我的动作做得不好、不流畅,投篮又没进……"我立刻打断她的话,跟着说:"不,你的动作不是不好,而是细节上还存在一些不足!"我接着面向大家说:"对于正在学练的某一动作的评价,如果说做得不好,就等于全盘否定了自己的练习成果,实际上我们在学练过程中是在不断进步的!所以,我认为应该说动作存在不足,需要进一步改进!"我接着说:"我觉得陈燕同学行进间低手投篮动作还是做得蛮好的,她的练习方法有许多值得大家借鉴的地方。比如:这堂课中,三步的节奏有了明显改善,只是动作还不太熟练、投篮时没有看准目标。只要我们认识到不足,多多练习就会越来越好的,大家说呢?"同学们再次对陈燕报以热烈的掌声!陈燕同学诚恳地点了点头,心态轻松多了。

——案例来源:常州市奔牛高级中学宋军老师的教育叙事

体育教师在进行运动技能教学过程中,经常采用课堂即时评价来反馈学生练习和掌握的情况,学生也可以通过教师的即时评价,强化动作规范,纠正动作错误,找出自身差距。但是,教师的即时评价如果语言运用不当,有可能起到负面作用,挫伤学生练习的积极性,甚至可能伤害学生的自信心和自尊心。因此,教师在运用即时评价时一定灵活运用,把握尺度和方法。巧用"不足"替代"不好",不仅提高了学生练习的积极性,同时也赢得了学生的尊重和信任。

在体育课堂教学中进行即时评价,要慎用"不好",巧用"不足"。"没有不变的学生,只有发展中的学生"实质上一直提醒着我们,关注个体的成长历程。用"不好"与"不足"进行评价,虽词意相近,但一字之差,在学生心目中产生的影响却不同。"不足"是对人的肯定并有能改进的机会和可能,有激励向上的积极作用。"不好"是对人的全盘否定,产生的后果是消极的,对学生的伤害也可能是长久的。我们应该通过体育教学中的即时评价,充分发挥评价的诊断与激励功能,进一步建立学生的自尊和自信,我们并不奢望每位学生的动作技能都尽善尽美,但我们希望同学们都能从技术技能练习中感受体育运动带来的快乐和满足。

体育学习评价是体育新课程的亮点之一。新课程不仅注重过程性评价，而且重视评价的激励作用，强调通过评价促进学生的体育学习。课改以来，我们总是说要通过学习评价来促进学生的体育学习，来培养学生的自尊心和自信心，那么究竟应该如何培养呢？本案例采用即时评价的方法，既婉转地评价了学生课堂的学习态度和行为，又保护了学生的自尊心，同时激发了学生的学习兴趣。

对于评价，大家各有各法：有的在各种参与性强的活动体现评价，有的在教学过程中即时进行表扬、鼓励，有的在课堂小结时广泛评价。然而，最为行之有效的方法是教师在平时的课堂教学中，能即时运用正面引导性语言鼓励学生，促进他们大胆地学习和探索，并以积极的态度面对学习中的困难，在学练中不断树立自信心！作为一名教师，我们应该学会并善于运用积极的、带有鼓励和肯定的语言去引导学生，恰如其分地评价学生的体育学习。这样才能真正地促进学生理解知识、提高技能、掌握方法，才能真正激发学生的学习积极性和主动性，让学生在学习和掌握知识、技能与方法的同时，增进运动兴趣和情感，培养体育意识和习惯。

体育学习记录袋:记录学生成长的宝典

【案例】南通中学学生健康成长记录袋实施纪实

一、“学生健康成长记录袋”设计的主要内容

“健康成长记录袋”的设计采用了发展性评价理念,能体现出多元化、过程性、激励性和多样性特点。具体做到简洁明了,能包含体质健康测试和体育课及体育课外活动课程,并体现自我特色,它包含以下系列项目:

1. 个性资料:包括学生的个人、家庭、学校等方面的内容。如:个人体育爱好、家庭体质健康情况、学校体育特色等。

2.《标准》的内容与测验的体育成绩。每一个子项目内容由教师进行设计,突出反映学生体质的真实情况。

3. 体育课、体育活动、运动会中的精彩照片。由学生根据自己的要求和爱好在课间和活动时拍摄,放在“健康成长记录袋”中。

4. 学习体验与体育事记。主要是学生对自己在体质健康方面,参与体育活动方面的评点和自我体会,并确立努力目标。

5.“成长的足迹”小册。以卡片形式出现,包含健康记录和学习卡,逐步积累形成小册。

二、“健康成长记录袋”的操作流程

学生将在体质健康测试情况,体育课、体育活动中自我体验和测试数据,教师的口头评价、奖励等自己选择收录到成长记录袋,并自我反馈。教师、家长参评并诊断。简单的流程如图1所示。

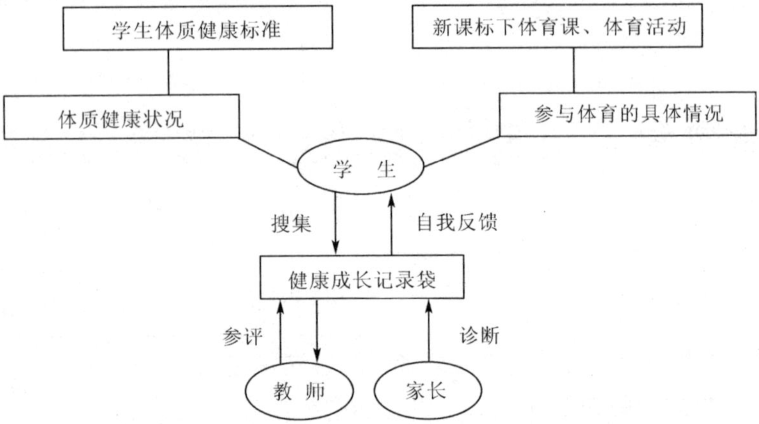

图1　“健康成长记录袋”操作流程示意图

三、“健康成长记录袋”实施操作的要求

“健康成长记录袋”中收集的材料由学生、教师、家长共同完成，在教师和家长指导下，主要由学生自己选择，把主动权还给学生。

照顾到学生年龄特征和课业负担，健康成长记录的操作应简单易行，将一些具有奖励性质的小图标如“五角星”、“小红花”、“大拇指”等设计在其中；对于性格较内向的学生教师可以用“悄悄话”等方式鼓励评价。

“健康成长记录袋”中的评价应以学生自评、互评为主，教师、家长参评为辅；以激励性评价、过程性评价为主；以突出学生的个性，发掘学生的潜能为主。

积极组织“健康成长记录袋”的展示活动。可采用四个层次的展示方式：小组内的分散式展示，班级内的集中式展示、校内的集锦式展示、校外的主题式展示。通过展示，让学生对自己的体质健康状况有更深层次的了解，取长补短，增强自信心。

——案例来源：江苏省南通中学学生健康成长记录袋实施方案

档案袋(Portfolio)是20世纪90年代以来,伴随着西方“教育评价改革运动”而出现的一种新型质性教育教学评价工具。它是为了展示学生的学习和进步状况,把学生的具有某种特定说服力的作品或与之相关的文献汇集到一起,提供给评价者的工具。这种以学生发展过程为评价主体的工具,在体育学习评价中被越来越多地使用。

新课程指出:评价不是最终目的,而是为了促进学生的发展。成长记录袋评定的主要意义首先在于它为学生提供了一个学习机会。学生通过自己的全程参与,学会反思和判断自己的进步与努力(《新课程标准解读》)。“成长记录袋”打破评价的时空,不局限于学生校内学习而延伸到课外、社会中、家庭里,从道德与习惯、成绩与方法、身体与健康、兴趣爱好与特长、情感态度与价值观等方面对学生进行全面评价,改变以往“一张试卷、一份成绩单”的单一评价方式。成长记录袋也注意尊重学生的个体差异,注重对个体发展独特性的认可。平时学生根据自己所需在相应的记录纸上进行记载,具有很大的灵活性和自主性。

档案袋的出现顺应了教育评价改革的大背景,其实质是教育教学评价的基础的转移,即从学生获得由教师选定的知识的多寡转移到学生运用所学知识而获得的成就上。由于考查的是学生运用所学知识取得的成就,学生理所当然地成为选择档案袋内容的一个决策者甚至是主要决策者,从而他们也就拥有了判断自己学习质量和进步的机会。

成长记录袋主要用来收集、记录学生自己、同伴、教师或家长做出评价的有关材料,学生的学习收获、反思,还有其他相关的材料等,以此来评价学生学习和生活的进步状况。成长记录袋可以说是记录了学生在某一时期一系列的成长“故事”,是评价学生进步过程、努力程度、反省能力及其最终发展水平的理想方式。它通常涵盖了一项任务从起始阶段到完成阶段的完整过程,收集学生在学习过程中产生的质性资料,关注学生学习与发展的过程、学习的策略与方法、发展的优势与不足、能力的培养、改进与发展的建议等。

档案袋的优势是明显的。它和体育课堂教学紧密结合，激励学生发展自我评价技能，为自己的学习负责，成为反思型学习者。它还促进教师和家长以及其他有关人员进行交流。同样，和其他质性评价工具一样，对不同学生的档案袋很难找到比较一致的评分标准，评价的主观性较强，客观性不足。另外，设计、管理和为学生提供反馈信息对于教师来说负担较重，需要相当高的技巧和丰富的经验。

总之，新课程强调以人为本，努力为学生提供宽松和谐、民主平等的成长环境，给每个孩子以机会，使他们的潜能和禀赋都得到不断开发和释放，为他们的终身学习和持续发展打下坚实的基础。而评价的过程就是体现“以人为本”理念的过程，用生动、立体的评价帮助孩子快乐成长、全面发展。

有一位同学为自己的记录袋做了一篇这样的结语：“这真是一部记录我成长的‘宝典’，在这里我重新认识了自己，原来我也可以得‘优’，现在我发现学习中也有这么多的乐趣。相信自己，一定能进步！”

第四篇

课程资源与管理

顾渊彦教授对体育课程的约束力与灵活性采用了“和而不同，求同存异”的表述，“大一统”的课程设计和“一刀切”的统一要求，显然不能满足不同地区教育和学生发展的需要。因此，本次课程改革实行三级课程管理政策，既体现国家对课程建设的基本要求，又为各地自主开发课程资源留有空间。

三门球:球类家族新成员

【案例】水平四 三门球传接球单元教学计划

单元教学目标	1. 利用丰富多彩的三门球传接球游戏,激发学生参与体育活动的兴趣和热情,养成自觉锻炼的习惯 2. 了解三门球运动传接球的有关规则条款,学会多种三门球传接球技术,能在游戏竞赛中灵活运用 3. 通过各种传接球游戏练习,提高学生呼吸系统、心血管系统机能,发展有氧耐力、力量、速度、灵敏等身体素质 4. 学会运用三门球传接球游戏,调节控制自己的情绪,提高自尊、自信心,形成克服困难的坚强意志 5. 运用三门球传接球游戏的特性,使学生学会合作与竞争的方法与技巧,建立和谐、良好的人际关系		
课次	教学目标	教学内容	组织教法
1	学生知道单手肩上传球、双手接球的动作要点,学会传接球的动作技术,探究互相配合的方法与技巧,发展手臂肌肉力量和反应速度	1. 原地单手肩上传球和双手接球 2. 行进间单手肩上传球和双手接球 3. 拓展练习 4. 游戏:三龙争珠	1. 教师示范讲解,观看教学录像 2. 两人一球,原地面对面传接球 3. 两人一球,原地跳起面对面传接球 4. 行进间无干扰、有干扰传接球 5. 分成男女两组,每组分成3队进行游戏

续表

课次	教学目标	教学内容	组织教法
2	让学生知道进行双手传球和双手接球互相配合的要点，掌握互相配合的方法和技巧，建立和谐的人际关系，发展灵敏力量、速度素质	1. 原地双手传接球 2. 行进间双手传接球 3. 游戏：三方传球比多	1. 熟悉球性练习：行进间颈围绕球，腰腹绕球 2. 教师示范讲解，观看教学录像 3. 两人一球，围绕三门球场进行原地和行进间传接球练习 4. 三人一球，围绕三门球场进行行进间“8”字传接球练习 5. 学生分成男女两组，每组分成3队进行游戏
3	学生知道原地单手低手传球、单手接球的动作要点，学会动作技术，发展手臂力量和反应速度，体验互相配合成功的乐趣	1. 原地单手低手传球和单手接球 2. 行进间单手低手传球和单手接球 3. 游戏：三方传球比快	1. 熟悉球性练习：踢腿交接球，胯下绕球 2. 教师示范讲解，观看教学录像 3. 两人一球，原地面对面传接球 4. 两人一球，行进间传接球 5. 学生分成男女两组，每组分成3队进行游戏
4	学生能了解三门球传接球的规则条款，能创造出更多的传接球方法，能将所学和创造的传接球方法在游戏中灵活运用，发展耐力、灵敏、力量、速度素质，形成克服困难的坚强意志	1. 各种传接球的综合练习 2. 游戏：三国大战	1. 熟悉球性练习：拍球、单手向后抛球过异侧肩接球 2. 教师讲解传接球的有关规则条款 3. 学生分组探讨、创造更多的传接球方法并演示 4. 各种传接球的综合练习 5. 学生分成男女两组，每组分成3队进行游戏

续表

课次	教学目标	教学内容	组织教法
5	学生能积极认真参加考核，并能按考核要求完成考核任务，发展耐力、灵敏、速度等素质，能在考核中合理调控情绪，培养勇于竞争、奋发向上的精神品质	1. 考核行进间传接球 2. 游戏：移动球门	1. 教师讲解考核方法、要求，讲解游戏方法 2. 女生先考核，男生先做游戏，然后交换 3. 每人考核两次，取最好成绩 4. 教师总结讲评，宣布考核结果

——案例来源：海安县城南中学教学计划，作者：吴志兰

新一轮课改的基本思想之一就是努力改变现有的课程管理政策，增强课程的弹性。根据这一指导思想，确定了把改革课程管理政策作为课改的六大具体目标之一，其主要内容是实行国家、地方、学校三级课程管理。与此同时，明确设置地方课程，并规定地方课程与综合实践活动、校本课程的课时占义务教育总课时的16%～20%。就这样，地方课程正式走进了我国基础教育的课程体系。海安地区三门球运动的蓬勃开展，三门球课程的设置与开发顺应了时代的发展要求，体现了鲜明的时代特点。

长期以来，我国基础教育课程体系指的就是国家课程体系。从现实情况看，文化、教育基础各不相同的地区都用统一规定的课程，显然缺乏弹性，难以适应不同地区、不同学校的需要，难以做到为当地经济社会发展服务，也难以培养学生热爱家乡的感情。从理论上看，国家课程多集中在普遍性知识上，它无暇也无法顾及地方性知识，长此以往，就会有偏重精英文化而忽视乡土文化、草根力量的可能。新的知识观和知识体系告诉我们，在普遍性知识之外，实际上还存在着各种各样的地方性知识。

三门球运动是在 20 世纪 90 年代末，江苏省海安县学生体育协会针对一些学校场地条件差、器材比较贫乏、学生人数多等实际状况，研究开发的一项新颖别致的能在城乡学校普遍开展、适合广大青少年身心特点的球类运动。三门球运动在综合了橄榄球、手球等多种球类运动特点的基础上，设计出一种让三个队同在一个设置有三个等距离球门的圆形场地上用手打球，以将球有效地射入对方任何一个球门得分为目的而建立起具有攻二防二的独特竞赛体系的新型球类运动。作为一项新兴运动项目，在体育教学、课外活动和训练竞赛等方面得到了全面的应用，既丰富了学校体育教育，又丰富了学生课余体育生活。

三门球课程的开设其价值就在于向我们展示人类知识的完整及其特有的精彩和深刻。在课程体系中，国家课程、地方课程和校本课程都具有十分重要的地位，各具使命和独特的功能，它们相互渗透、相互支撑，形成了完整的课程结构。从某种程度来说，地方课程的设置与开发，从理论到实践，都是对我国课程体系的完善，在坚守学科的同时走向更完整的课程，在坚守国家统一课程要求的同时走向课程结构的多元化。

三门球课程是一项完全自己创新的文化项目，反映的是地方性知识，是对社会科学本土化思潮的一种积极回应和推进，是对地方性知识、对草根力量的尊重和守护，它对中国体育文化的贡献应该为我们所认识。我们体育老师完全可以在第一节体育课上对我们的学生说，在迄今为止的球类项目中，有一项完全属于中国的正规的体育项目——三门球。

区域性的课程资源开发

【案例】"雪地冰球"教学设计

(一) 引言导入,秧歌热身

1. 以欢庆的形式引入秧歌,充分张扬学生个性,展现自我。

2. 在音乐伴奏下完成准备活动。

(二) 体验发现,成果展示

1. 师生共同体会传球、运球、射门技术,并了解冰球的起源与发展。

2. 相互交流技术,总结技巧,教师巡回指导,答疑解难。

3. 学生展示成果(见图 1)。

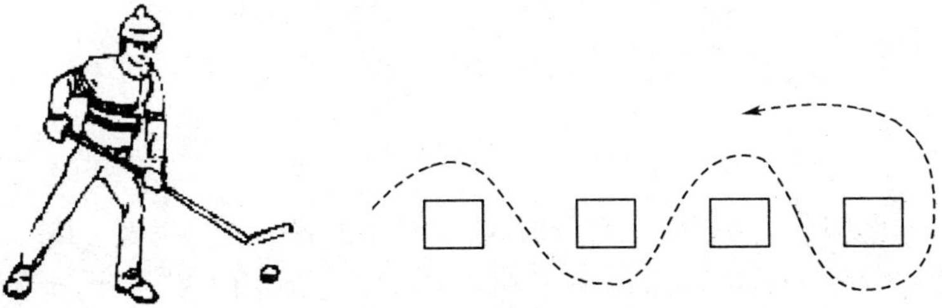

图 1

(三) 合作交流,主体参与

1. 根据掌握的运球、传球、射门技术,进行分组比赛。

2. 各小组研究配合方法及简单的战术(见图 2)。

图 2

(四) 调节放松,自我评价,相互评价

自我评价表

评价内容	评价等级				
	A	B	C	D	E
能够掌握运球、射门技术	能	较能	一般	不大能	不能
能够参与比赛,并随音乐走出秧歌步	能	较能	一般	不大能	不能
能够说服和带动他人进行冬季体育活动	能	较能	一般	不大能	不能

——案例来源:佳木斯第六中学的校本课程

http://guopei.guoshi.com/html/class/848/2012－08/m56653.shtml

本案例是一节开发体育资源、改变教学方式的成功案例。传统的体育课程不大重视课程资源的开发和利用,无论是教学内容还是场地设施等都沿袭了竞技运动的模式,既限制了教师创造性的发挥,更影响了体育教学的效果。为了提高课程的适应性和教学质量,应大力提倡利用和开发符合地方经济和文化特点,具有民族、民间特色的课程资源,把反映各地自然地理和风土人情的学生感兴趣的体育活动纳入到课程内容之中。

冰球是一项集技术性、对抗性、观赏性、娱乐性于一体的冬季运动项目，在北方有着广泛的群众基础，许多中学生（特别是男生）都十分喜爱这项运动。但是由于受到气候、场地、器材以及参与冰球运动需要掌握一定的滑行技术和冰球运动自身具有一定危险性等多方面因素的限制，即使在北方也很少有学校开展这项运动，导致了许多学生不能体验到冰球运动为他们带来的快乐。本案例的最大亮点就是通过对冰球运动参与方式的改变（由冰上转到雪上），降低了参与冰球运动的难度，摆脱了上述诸多因素的影响，使之具有了可操作性，成为一堂受到学生喜爱的具有东北特色的学校体育课。在本案例中，教师还改变了传统的"开课形式"，以具有浓郁东北地方特色的大秧歌为教学的切入点，使学生在欢快热闹的气氛中进入到主教材的学习。在教学中，教师运用启发式引导，在传授冰球基本技术的同时，使学生了解到冰球运动的起源与发展，而且通过采用自主学习、合作学习、探究学习等新型学习方式，使学生积极主动地投身于整个教学之中。根据学生掌握技术的情况，教师还设计了教学比赛，使学生能够将自己的学习成果充分展现出来，进一步提高了学生的参与热情，使以往北方冬季学生不愿意上体育课的状况得到改变。另外，教师通过设置自我评价表，改变了传统教学中单一由教师对学生进行评价的方法，符合新课标中关于课程评价中学生自我评价、学生间相互评价和教师评价相结合的原则。本案例是一个符合新课标教学理念且具有浓郁地方特色的教学案例。

利用和开发课程资源是为了发挥课程资源应有的教育任务，充实和更新体育（与健康）课程的内容，体现课程内容的时代性、选择性和民族性。提高课程的适应性和教育质量，为学校、教师创造性地实施"课程标准"提供可能。传统的体育课程不大重视课程资源的开发和利用，无论是教学内容还是场地设施等都沿袭了竞技运动的模式，既限制了教师创造性的发挥，也影响了体育教学的效果。为了提高课程的适应性和教学质量，应大力提倡利用和开发符合地方经济和文化特点，具有民族、民间特色的课程资源，把反映各地自然地理和风土人情的学生感兴趣的体育活动纳入到课程内容之中。此外，由于我国幅员辽阔，各地、各校办学条件具有较大差异，这就更加需要利用和开发人力、自然和场地设施等资源。只有这样，才能有效地实现体育（与健康）课程的目标。

体育课程资源就在身边

【案例】水平二 《快乐跳跳跳》教案

教学主题	快乐跳跳跳	教学内容	跑几步单脚起跳，双脚落地
学习目标	1. 通过师生互动和学生之间的交流，让学生会跳，尤其是会跑几步单脚起跳、双脚落地的方法 2. 让学生乐于展示和交流不同的学习方法 3. 使学生感受到与人合作的快乐，体会到体育课堂的欢乐		
重点	学会单脚起跳、双脚落地的跳跃动作		
难点	跳跃时动作协调、有力，落地轻巧		

激趣热身阶段　　时间：7～8分钟　　精神饱满　融入课堂

教学策略与目标预测	教师活动	学生活动	运动负荷
1. 集合 2. 游戏： ① 石头、剪刀、布 ② 小皮球、大皮球 3. 组织图形： 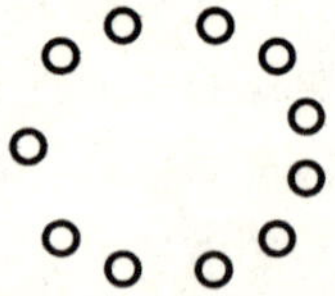 阶段目标：学生能迅速融入课堂，在轻松愉快的游戏中达到热身的目的	1. 导入新课 2. 讲解游戏的方法、规则和学生一起做游戏 3. 适时奖励雏鹰章 要求： 面带笑容、精神焕发；亲切自然、动作大方	1. 认真听老师的导入 2. 按要求参与游戏 要求： 认真地听，大胆参与	小

发展能力能阶段　　　时间：17～18分钟　展示自我　学在课堂

教学策略与目标预测	教师活动	学生活动	运动负荷
1. 跳过一个书包(单人) 2. 跳过两个书包(双人合作) 3. 跳过多个书包(小组合作) ① 请学生试一试 ② 分组练习 4. 比一比 5. 组织图形 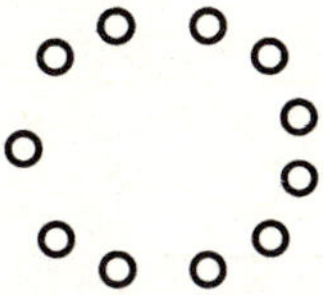 阶段目标：让学生会跳，尤其是会跑几步单脚起跳，双脚落地的方法；乐于展示和交流不同的学习方法	1. 示范单脚、双脚跳过书包，启发式提问“你还有其他跳法吗?” 2. 启发式提问“难度加大了，怎么跳好呢?” 3. 选择一种示范讲解 4. 参与到学生的练习活动当中 5. 适时奖励雏鹰章 要求： 1. 讲解简洁，语言清晰 2. 示范准确 3. 参与活动积极，全面 4. 鼓励及时，纠错及时	1. 自由选择，自主学练 2. 两人一组，积极练习 3. 边练边想，互相交流 4. 相互关心，相互鼓励 要求： 1. 认真听讲，仔细观察 2. 相互提醒，互相帮助 3. 挑战自我，勇于展示	中

拓展延伸阶段　　　时间：9～10分钟　合作创新　乐在课堂

教学策略与目标预测	教师活动	学生活动	运动负荷
1. 我和书包做游戏——负重跑拼数；看哪组能以最快的速度跑到圆圈内，拼出老师出示的相应数字 2. 组织图形： 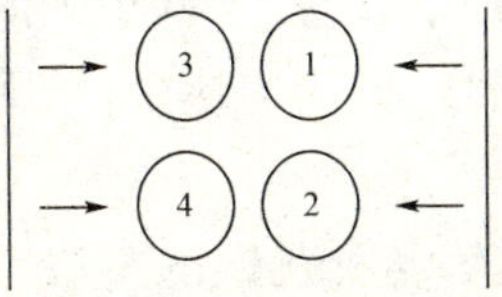 阶段目标：发展学生的上肢力量，给予学生创造的空间，让学生感受到与人合作的快乐，体会到体育课堂的欢乐	1. 启发式提问：“想一想什么时候会背着书包跑呢?” 2. 启发式提问“除了背还可以用其他姿势吗?” 3. 讲解比赛方法 4. 分组准备，积极引导 5. 奖励优胜队雏鹰章 要求： 讲解语言要生动，语调富有激情，营造一个宽松、和谐的活动空间	1. 积极思考、体验 2. 全身心投入比赛 3. 最先回到白线的组选择下轮带书包的姿势(背、提、扛、顶……) 要求： 1. 遵守规则，积极参与 2. 团结合作，勇于创新	中

身心放松阶段　　　　时间：5～6 分钟　师生交流　升华在课堂

教学策略与目标预测	教师活动	学生活动	运动负荷
1. 集合 2. 放松 3. 课的评价 4. 师生再见 5. 组织图形： 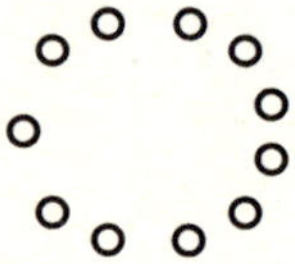 阶段目标：学会自评，身心放松，让学生带着意犹未尽的心情下课	1. 组织学生放松 2. 引导学生们自评、互评 3. 总结 要求： 评价要面向全体，要以鼓励、表扬为主	1. 集体放松；小结交流 2. 学生们自评、互评 3. 整理书包 要求： 自评积极，身心放松	小

——案例来源《小学教学设计》2006 年 36 期　作者：邱巧文

通过对《体育与健康课程标准》的解读可以发现，在课程资源的开发与利用方面有这样的建议："各地都蕴藏着多种体育课程资源，学校要有强烈的资源意识，认真分析本地和本校的特点，充分利用已有的资源，积极开发潜在的资源。"实质上这段话告诉我们课程资源常常就在身边，主要还是要靠慧眼去发现。

"书包"是学生最亲密的伙伴，根据三年级学生好玩、好动、好模仿的特点，因此本课选择"书包"为器材贯穿整堂课的教学过程。让学生在老师的启发和引导下，在看、学、练、比的过程中，轻松掌握正确的跳跃方法，并且能在教学活动中体验到运动的乐趣、成功的快乐，从而培养学生终身体育的习惯。

本课巧妙引导学生由易到难、层层递进学练各种跳跃的方法。在跳跃时，书包摆放形式上的自由变化，让学生在整个学习过程充满激情。通过自我尝试、合作探究和交流展示，最后水到渠成顺利掌握跑几步单脚起跳、双脚落地的方法。

在课的后半部分，本课关注了体能的发展，安排了游戏"负重跑拼数”让学生通过小组成员的团结协作，带着书包以最快的速度跑到规定区域拼出老师报的数字。这个环节既发展了上肢力量和负重奔跑能力，又拓展了学生的思维，使其体验到成功的乐趣。

最后小结交流，引导学生发现在我们的生活中，还有许多的物品都能成为我们锻炼的好器材，鼓励大家去积极观察、大胆创想。

我想本课的意义不仅仅在于老师使用了书包这一常见的资源来上了一节体育课，更为关键的是老师对课程资源的认识、对课程资源的发现、对课程资源的使用，还有就是在课的结尾对学生的引导，让学生也来发现课程资源并进行运用，这就拓开了一个崭新的视野。

传统的教育环境中，教师处于课程权力的最底层，只是课程的“执行者”和“消费者”。这样的角色地位极大地压制了教师开发课程资源的积极性，也使课程缺乏应有的开发性和适应性，新的课程改革的一个重要理念，就是要求教师参与课程开发，把课程开发的权力交给老师。其实，课程资源就在身边。这为教师因地制宜地积极开发和利用本校的特有资源提供了可能性。教师在教学过程中可以不断地对资源进行鉴别、开发、积累和使用，从而使课程的开放性和适应性得到增强。本案例中该教师的做法为我们参与课程开发和利用提供了很好的范例。

课程资源开发基于生活，服务生活

【案例】《关注安全　关爱生命》一堂从火灾中逃生的演练课(片段)

陆一叶

1. 学生尝试后小结。

2. 学生边向大家介绍火灾中逃生自救的方法，边做演示。

3. 师生认同，给予鼓励与赞赏。

4. 教师归纳总结。

5. 学生分组尝试性练习，教师观察指导。

6. 表现出色的同学进行演示，同时讲解成功的方法与经验。

7. 师生共同找出规律。

(用双肘和单肘支撑上体，手、肘、膝、脚协调用力向前爬行，只有合理运用技术，才能快速安全地脱离险境)

8. 学生分组，用双手、双肘、单肘等各种方法中的一种进行迎面匍匐前进的接力比赛。

9. 学生分散，分别为本队队员加油鼓劲。

10. 学生思考：身上一旦着火，该如何应对？

11. 师生共同讨论、协商。

12. 教师归纳总结，引出下面教学内容。

(现在许多衣服的面料极其容易燃烧，几秒钟就会对人体产生巨大的危害，一旦衣服被烧着要沉着、冷静，立即就地打滚)

13. 学生分小组练习，找出合理有效的方法。

(以最快的速度趴下做滚翻,身体紧张,协调用力,连续同向滚翻和连续来回滚翻,最好在滚翻时双手抱头保护头部)

14. 教师介绍方法、技能要求后,学生互相观察、合作练习。

15. 学生自行组织练习,定时10秒内看谁滚的多。

16. 游戏《炸油条》。

17. 小组间进行展示,交流。

——案例来源:倪胜勇:《高效课堂:模式与案例》(体育)

将社会生活、生产劳动的动作技能和情境作为体育与健康课程的教学资源,是一个取之不竭、用之不尽的“原料仓库”。因其贴近生活,使学生倍感亲切而喜之有加,并可作为引导学生进行创造性思维且立即付诸行动的创造教育的良好手段和途径。教学中,我们要鼓励和引导学生平时对日常生活、生产劳动多观察并勤思考,让他们在健身娱乐活动中,得到一些有益的生活知识的教育,养成良好的生活习惯。

在滚翻教学中,在课的一开始我就提问设疑:生活中如被绊倒,跑步速度太快,你是怎样保护自己的呢?与学生的实际生活所联系,一下子激发学生的学习兴趣,通过一些来自于生活中的实例,强调了学习滚翻的重要性,激发学生练习的欲望。这样,把贴近学生生活的素材引入课堂,加深理解教材所学的内容,枯燥的体育变得生动、有趣,让学生感觉体育就在他们的身边。

又如水平二“抗洪抢险队”,以小折垫作为“抗洪物质”,以小折垫作为“筑坝用的沙袋”,利用篮球、排球场的各种边、中线沿途设置小沟、独木桥、小树林等障碍,在发展学生速度和力量的同时,培养了坚强的意志品质和良好的合作精神。

但是作为体育课程资源开发不能仅仅就停留在这一层面,因为体育教学对学生养成自我保护的意识与能力是有着重要的作用的。在现实生活中,我们为了生存而采取的自救方式,蕴涵着多种体育技能,比如前面提到的利用滚翻保护自己。从各校园内的安全事故来看,学生在安全自救方面的表现很令人担忧,很多学生在意外事故中惊慌失措，不知道采取必要的措施进行自我保护或逃生，面对惨痛的教训，对学生进行适时的生命教育显得尤为重要。体育教学不应该是脱离实际的死的技能教学，而应该是结合现实生活来体现体育的社会功能。

比如教学中为学生创设火灾情境，用语言大力渲染，随后组织学生进行 10 米的迎面匍匐前进接力，10 米双手、双肘、单肘快速匍匐前进，进行有障碍的爬行综合游戏，多人一路纵队爬行等。如今许多衣服的面料极其容易燃烧，几秒钟就会对人体产生巨大危害，一旦衣服被烧着要沉着冷静，立即就地打滚。因此在课上组织学生练习左右滚动、团身滚翻，连续滚翻，定时看谁滚翻多等等，真正让学生身临其境。火灾现场情况复杂，瞬息万变，沉着冷静尤为重要，平时尽量多掌握一些非常规的运动技能在突发事件中就可帮助自己安全逃生。除此之外更应该掌握火灾中逃生、自救的技能，一般根据实际采用低姿态快速前进和匍匐前进的方式离开现场。

在体育课上，开展一些有针对性的游戏，是锻炼灵敏素质的最有效办法，例如“贴烧饼”、“大鱼网”、“老鹰抓小鸡”、足球守门，再如前后滚翻、变向跑等等，多选择有关灵敏协调的体育项目和游戏，让学生有针对性地去学练，以备不时之需。

所以说体育源于生活，应该服务于生活。我们要善于观察生活，从生活中汲取更多的营养，不断创新出适合学生的教学内容。教师在课堂教学中，把教学与学生的生活体验相联系，以教材为凭借，通过处理，调整和重组，让课堂教学素材生活化。教师要充分挖掘体育知识的生活内涵，并对教材适当做些变形处理，把书本上的知识放在生活中来学习，从而激发学生强烈的求知欲，真正成为学习的主人。

拓展常见器材的功能

【案例】轮胎游戏内容、方法的开发

学习目标：

1. 运动参与：乐于参与轮胎游戏活动。

2. 运动技能：在轮胎游戏中能够做出跑、跳、投等各种动作。

3. 身体健康方面：在轮胎游戏中通过各种练习，发展协调能力，努力展示自我。

4. 心理健康：乐于和同伴积极互动，敢于自我挑战，勇于克服困难，自信自强，体现良好的学练情境。

5. 社会适应：主动养成与同伴合作学练，学会合作练习的方法，齐心协力完成任务。

一、套圈

方法：根据学生人数，每组画直径6～8米和2～3米的同心圆。选派一人在小圆内，其余学生均匀站在大圆外，准备一条自行车轮胎。游戏开始后，大圆外的同学设法用轮胎套住小圆内的学生，圆内学生则灵活躲闪轮胎，被套中则换人，如套不中，一定时间后则换人。

规则：

1. 外圆学生不得进入圈内抛套。

2. 圈内学生不得跨出小圆外。

组织：

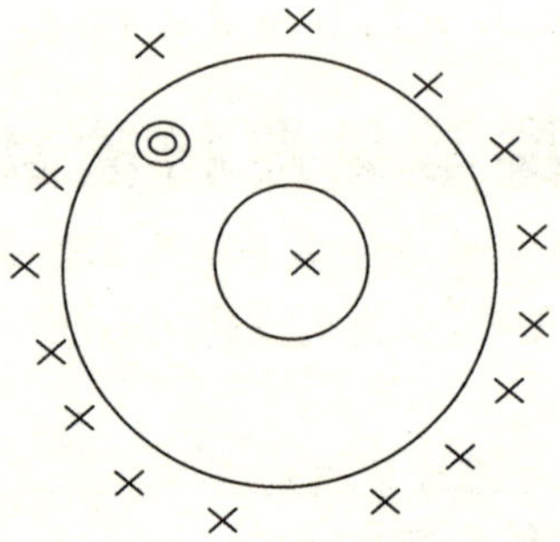

适应年级：中、高年级

二、合作跑

方法：把学生分成人数相等的若干组，成纵队排在长 6～8 米的起跑道线的后面。

教师发令后，两人一组，站在轮胎里，手扶轮胎，向前快速跑，到达标线后，即返身跑回本队，与本组另两人交换，另二人用同样的方法继续游戏。如此依次进行，以先跑完的队为胜。

规则：

1. 发令后才能起跑。
2. 一定要在起跑线后交换轮胎。

组织：

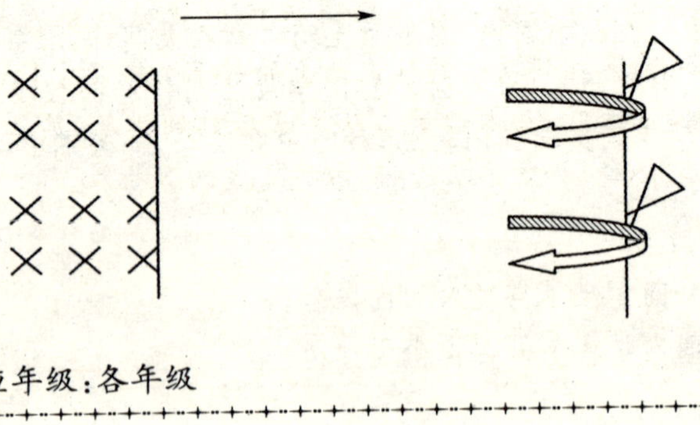

适应年级：各年级

三、跳圈(跨圈)接力

方法:学生分成人数相等的若干组,成纵队一排在起跑线后面。

教师发令后,各组排头用立定跳远,从摆放在地面上的轮胎圈中跳过(跨过),到达对面后即举手示意本组第二队用同样方法继续游戏。如此依次进行,以先完成的队为胜。

规则:

1. 发令后或举手后才能起跳。
2. 要用规定的跳法完成游戏。

组织:

适应年级:各年级

四、钻圈

方法:把学生分成人数相等的若干组,成纵队排在起跑线后。教师发令后,各组排头快跑从在地上的若干个轮胎中钻过,到达终点后,即跑回本队,与本组第二队击掌后站到排尾,第二人用同样方法继续游戏。如此依次进行,以先完成的队为胜。

规则:

1. 发令后才能起跑。
2. 每到一个轮胎都要拿起从其中钻过。

组织：

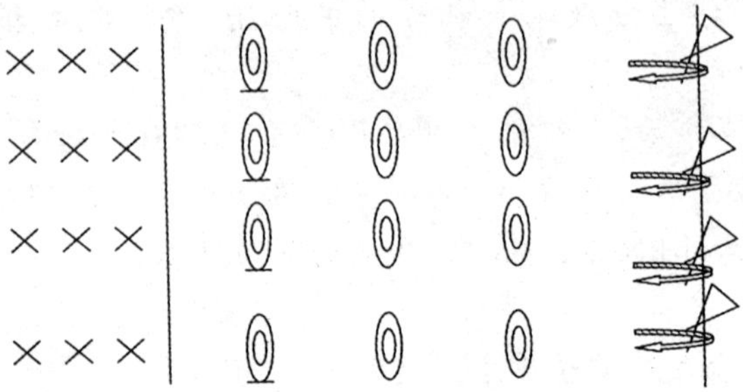

适应年级：3～6 年级

五、双人运球跑(三人)

方法：把学生分成人数相等的若干组，成纵队排在起跑线后。教师发令后，两人一组站于轮胎中，一手扶胎一手运球向前跑，到达标线即返回，与下组人交换。以此方法继续游戏，以先完成的队为胜。

规则：

1. 发令后才能起跑。

2. 丢球后，应捡回从丢球的地点继续游戏。

组织：

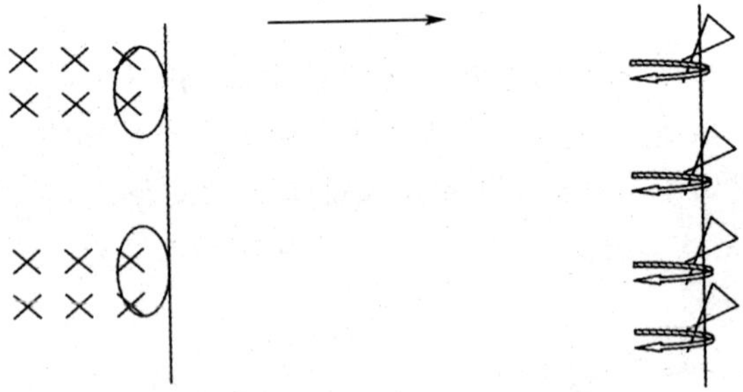

适应年级：

六、抬人跑

方法：把学生分成人数相等的若干组，成纵队排在起跑线后。

教师发令后，三人一组，两人从两侧手握轮胎，把另一人抬起向前跑，到达标志线即返回与下一组交换。以此方法继续游戏，以先完成的队为胜。

规则：

1. 发令后才能起跑。
2. 到达标志线才能返回。

组织：

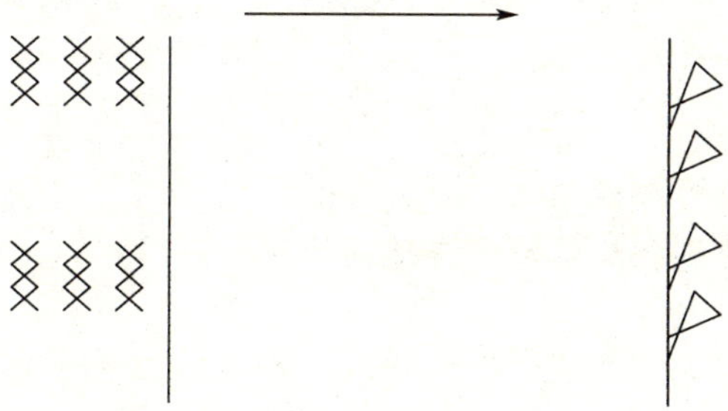

适应年级：高年级

七、角力

方法：把学生分成人数相等的两组，每组一次选派一人进入3～4米的平行线内，并将轮胎置于腰间。教师发令后，两名同学分别向本平行线移动，以手或脚触到平行线为胜。以此方法，两组完成若干均比赛，以获胜均次多者为胜。

规则：

1. 听到口令后才能发力。
2. 比赛时不得将轮胎移至腰部以下。

组织：

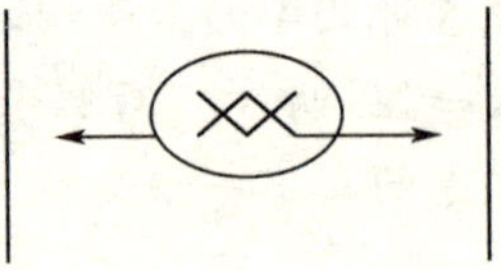

适应年级：中、高年级

八、滚圈

方法：将学生分成人数相等的若干组，成纵队排在跑道的起跑线后，教师发令后，各组排头扶轮胎沿跑道向前滚动，到达标志线即返回与本组第二队交换，以此方法继续游戏，以先完成的队为胜。

规则：

1. 发令后才能起跑。

2. 不可将轮胎提起离开地面快跑。

组织：

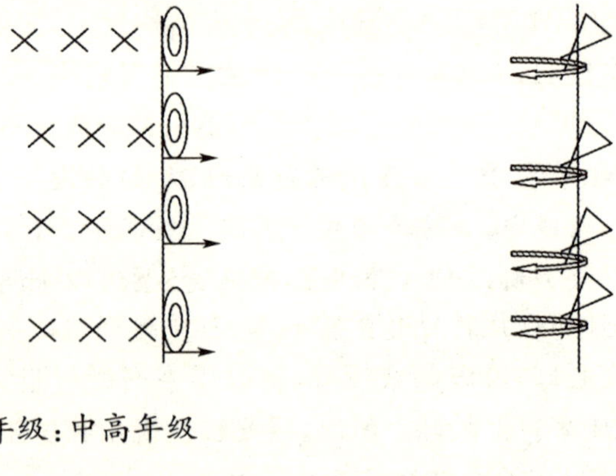

适应年级：中高年级

九、抛接

方法：两人一组站在相距 4～5 米的平行线后，一人将轮胎平抛向对方同学，对方同学尽力接住轮胎，轮胎落地为失败。

规则：

1. 两人必须站在平行线后。

2. 必须平抛轮胎。

组织：

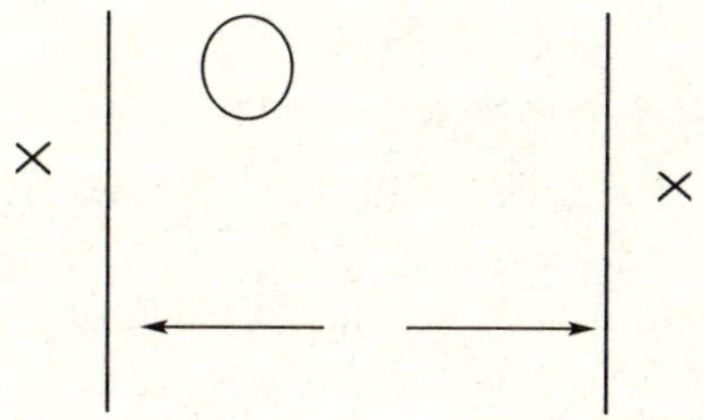

适应年级：中、高年级

——案例来源：倪胜勇，《“对现行中小学体育教材的拓展与课余运动素材开发”研究成果集》

本案例充分利用了废弃的自行车外胎，开发其多种功能，创编一个个富有情趣的体育活动小游戏，从个人自由练习，再到多人自由编排造型练习和综合游戏等一系列的活动。不仅解决了教学内容单一带来的枯燥、乏味感，同时也克服了学校器材设施匮乏的困难，丰富了体育课学习的内容，满足学生的体育活动需求，激发了学生学习体育的兴趣。

体育器材一般都具有多种功能，例如：栏架可以来跨栏，也可以用来作投射门，还可以用作钻越的障碍等；利用跳绳可以做绳操、斗智拉绳等。利用实心球，可以用来投掷，可以用来当做负重物、障碍物、标志物，还可以用来打保龄球。所以，只要转换视角和思维方式，就可以开发常用器材的许多新功能。

过去由于体育课程受竞技体育、体质教育的影响，体育课程教学的场地器材配置规格都是成人化、竞技化的对新课程下的体育教学带来了很多的不便与困难。而场地器材资源是体育课程资源中很重要的一大资源，对该资源的开发利用将对课程实施深入起到积极作用，是构建体育新课程体系的重要基础，也是完善体育课程的重要保障。课改前的体育教学，是体育教师按着“大纲”规定的内容，老师教什么，学生学什么。学校有什么器材场地，老师就使用什么器材场地。器材量不足，教法单一，从而使学生爱好体育，但不愿意上体育课。随着新课程的实施，新的教学观念，新的教学目标的确立，学生在教学中地位的转变，从知识的接受者转变成知识的共同构建者。原先的那种教学方式、教学手段已成为新课程理念推广的绊脚石。要扫清这块绊脚石，体育场地器材的改革创新、开发利用是其中重要的一项。

充分发挥场地器材的多种功能体育场地器材的重要特点就是多功能性。只要转换视角和思维方式，就可以开发出常用器材的许多功能。这就需要我们体育教师开放思维，充分发挥创造力和想象力去挖掘体育场地器材的一物多用。同时学生的想象力也是无边无际的，因此在教学中还要充分发挥学生的想象力，引导学生创造想象，培养学生创造性思维。例如：标志杆可以标志，也可以做足球门，还可以组成多种多样的图形进行各项各类练习等；栏架可以用来跨栏，也可以用做投射门，还可以用做钻越的障碍等；利用跳绳可以做绳操、打成结投掷和在危险中用于求生、三人角力、斗智拉绳、骑马、抓龙腰、踩龙尾等；呼啦圈可以跳、转、滚、钻，摆造型，开火车等；彩色棍棒的妙用可以设置五颜六色的跑道等。实心球可以用来投掷，也可以用作负重物、障碍物、标志物，还可用作游戏中的保龄球等。再如：篮排球共用一个场地，移动羽毛球场地等等。教师学生开发出来的新场地器材在教学中的运用更能激发学生参与活动的积极性，同时也能给学生带来自豪感，从而形成一个教学创造的良性循环。

在最后想大家一个问题，拔河绳你们学校有吗，你们平时使用吗？大家可以看看下面一个例子，应该有所启发。

【拔河绳的妙用】拔河绳与跑相结合

1. 单手持绳纵向跑

学生单手持拔河绳纵向跑进。这种运动形式的特点“是一个都不能少”,适用于做准备活动以及耐久跑,练习的难度由绳子的长短和参与人数的多少决定。

(1) 练习者在绳子同一侧(如图 1 所示)

(2) 练习者在绳子两侧(如图 2 所示)

图 1

图 2

这两种练习形式的区别是:在拔河绳两侧时可以比在同一侧时参与的人数多。练习方式的延伸,可以让学生同时进行左右换位。

2. 双手持绳纵向跑

学生双手持绳纵向跑进。

(1) 学生把绳举在头上方,向前跑进(如图 3 所示)

这种练习方式由于没有摆臂,手又要上举抓绳且前后受绳的牵制,练习难度较大。

图 3

图 4

(2) 练习者双手持绳于体侧纵向跑(如图 4 所示)

学生成纵队排列,将拔河绳绕过学生,最后一名学生双手持两个绳头,第一名学生把拔河绳绕于腹前,然后双手左右体侧持绳,其余学生在第一名学生和最后一名学生之间等间距双手左右体侧持绳,向前跑进。注意点:本练习应当把跑速快的学生排在前面,学生之间的间距不宜太小。

(3) 双手持双绳纵向跑(如图 5 所示)

练习者成一列纵队,双手各持一根绳,纵向跑进。

以上几种练习形式,相当于学生手持轻器械的练习,可以拓展出团体操等运动形式。

双手持绳跑的拓展:为了增加练习难度和趣味性,我们还设计了双手持绳于胯下纵向跑。类似于马步跑。学生成一路纵队,双手握绳并骑跨在绳上向前跑进。这种练习方式要求学生在半蹲的前提下做快速跑。

图 5

图 6

3. 双手持绳于体前横向快速跑(如图 6 所示)

练习者手持拔河绳(拔河绳可以折叠)于体前排成一排(一般十人以上)向前快速跑,跑的距离一般 30 米到 80 米,到终点时,冲刺前扑。这种练习方式适用于快速跑。

此外还有各种图形跑:① 在跑动中组成图形;② 原地组好图形后,将图形平移跑动。比如跑圆形、S 形、方形等。

以上的练习都是属于持绳的合作跑,在发展奔跑能力的同时对学生之间的团结协作提出了较高的要求,有利培养学生的团结合作的意识。

拔河绳与发展身体平衡、跳跃、灵敏、力量素质类练习相结合。

1. 发展身体平衡类

走绳（如图 7 所示）

图 7

将拔河绳放在地上，摆成“一”“○”“S”等形状，让学生依次从绳头走到绳尾，锻炼学生的身体平衡能力。

2. 发展跳跃类

（1）左右跳绳（包括单脚跳、双足跳、各种变换跳）（如图 8、图 9 所示）

学生用单腿或双脚在平放于地上的拔河绳上做左右来回跳跃，可在原地也可逐渐向前移动，也可用两根绳平行放增加左右跳跃的宽度，提高跳跃难度（距离再大时可采用左右跨步），也可以单双足进行变换跳跃，主要锻炼学生的腿部特别是踝关节力量。还有学生的灵活性和协调性。

图 8

图 9

（2）跳长绳（如图 10 所示）

让学生摇动部分拔河绳，绳的长短自选。由于拔河绳较粗，对摇绳者手臂力量和摇绳技巧也提出了较高要求，该项练习可以同时提高学生的上肢和下肢力量。在练习的过程中被打到绊到可能会比较疼，所以学生在练习时必须集中注意力，会感到既紧张又刺激。这种方法还可以锻炼学生的协调、灵敏、跳跃能力，培养挑战自我、战胜自我的心理素质。

图 10

(3) 躲绳又叫“横扫千军”

① 一位学生将拔河绳的一部分在地面上左右摆动，其余学生在规定的区域内想法不要被绳碰到，被触者与摇绳者互换。运动方法可以锻炼学生的跳跃、协调、灵敏能力。

② 两名学生各持拔河绳的一端，其余学生站在规定的区域内，两名学生通过来回奔跑，使拔河绳在规定的区域内来回拖动。区域内的学生通过跳跃和跑动来躲拔河绳，如被拔河绳碰到，被触者与持绳者互换(如图 11 所示)。这种方法可以锻炼学生的协调、灵敏能力。

图 11

(4) 跳障碍

如图 12 所示把拔河绳摆成蛇形障碍，让学生进行跳跃练习，发展学生的跳跃能力。

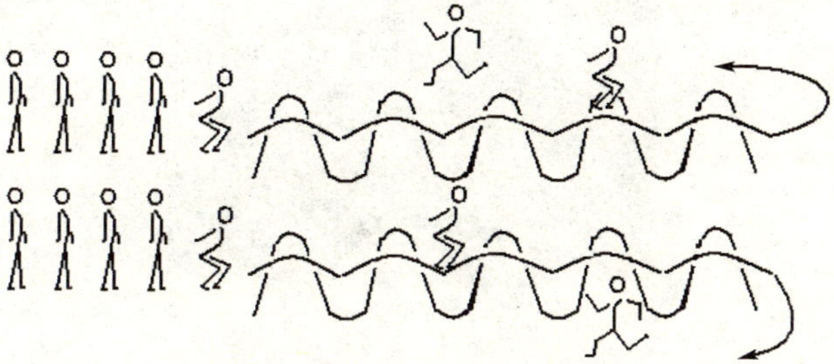

图 12

3. 发展力量类

抖绳(如图 13 所示)

图 13

学生单手或双手持拔河绳上下和左右抖动,比谁抖动时形成的“波浪”幅度大且传得远。这项练习对学生全身的身体素质,无论是上肢、腰腹还是下肢力量都有很强的锻炼效果。

4. 拔河绳与攀爬相结合

(1) 荡绳(如图 14 所示)

将拔河绳的一端固定在高处(如学校内的大树,云梯、单杠等),学生双手持绳进行各种荡绳过障碍的练习。锻炼学生的上肢力量和战胜自我的精神。

图 14

（2）过绳索（如图 15 所示）

图 15

① 把拔河绳系在两根固定的立柱之间（或者两棵树之间），成两条相距 1 米 8 左右的“平行线”，如图 15 所示。学生手中握一根绳，脚下踩一根绳子进行移动练习。锻炼学生的上下肢的协调平衡能力。

②（如图 16 所示）在双杠上绕上绳子成 U 形，学生两手扶住双杠两边，脚踩绳子，依次通过，培养学生控制身体平衡的能力。

图 16

③ 利用学校的场地设施，将拔河绳一端固定成垂直状态或两端固定成横绳（斜绳），进行手足并用攀爬（如图 17 所示），主要锻炼学生四肢力量、协调和灵敏素质。

图 17

（3）借助绳索上、下陡坡或垂直的墙（如图 18 所示）

图 18

利用学校内的肋木架、围墙、或楼房等建筑物，把绳子系在高处，学生手握绳子，双脚踏在斜坡上或墙上，上下攀爬。还可“高空速降”对学生进行心理拓展训练。

（4）手脚并用爬悬垂的绳

动作方法　预备：两手用拳式握法握住于肩上或头上的绳子，并用腿、脚夹住绳子。然后开始手脚并用向上爬。夹绳的方法有两种：一种是以一脚的脚背外侧和另一脚的脚跟外侧夹住绳（脚跟在上），同时两胫部和两膝部的内侧也紧紧夹住吊绳；另一种是以一脚的脚背和另一脚的脚掌夹绳，胫和膝部的方法同一。

攀绳方法有两种：一种是三拍爬绳（提夹、蹬引、换握）。预备姿势：直臂悬垂在绳上。第一拍：两腿弯曲尽量上提，然后用小腿夹住吊绳；第二拍，双腿夹紧吊绳，两臂引体向上，同时蹬伸两臂向上推身体；第三拍，两手依次向上换握，两腿、脚夹住吊绳。另一种是二拍爬绳（提夹、蹬引换握）。预备姿势，一手直臂，另一手屈臂约与下颌同高握绳。第一拍：收腹两腿屈膝上提，小腿夹住吊绳；第二拍，蹬伸双腿，一手引体向上，另手同时向上换握，上下肢的协调配合。在教学过程中，由于二拍法需要的力量稍大一些，但实用性强，应视学生的实际情况因人而异。这种练习方法可发展学生的上下肢及腹部力量，培养学生全身协调用力的能力。

图 19

对拔河规则和拔河形式的改变

1. 四方拔河（如图 20 所示）

图 20

两绳十字交叉相连，相连点与一个两米为半径的圆的圆心对应。在规定的时间内，中心点到达或超过圆弧为胜。

2. 三方拔河(如图 21 所示)

三方拔河

图 21

把一根绳子系在另一根绳子中间，相连点与一个两米为半径的圆的圆心对应。在规定的时间内，中心点到达或超过圆弧为胜。

3. 背向拔河(如图 22 所示)

图 22

拔河的双方成背向，把绳子至于肩膀上进行拔河。

4. 拔河自由对抗赛(如图 23 所示)

拔河的双方自行协商，人数可相等也可不等，可男也可女，也可男女混合组队，拔河的距离也可双方不等，协商好之后就可进行比赛，比赛输的一方稍加“惩罚”——做俯卧撑或立卧撑等。

图 23

5. 横向拔河(如图 24 所示)

图 24

把拔河绳放在地面上的直线上，两队学生与绳平行相对交叉站队，双手持拔河绳向后用力，使对方的半数以上的学生过中线为优胜。

6. 两方或多方角力

将拔河绳两端相接，学生站在绳圈以内，让拔河绳从腹前围过，或站在圈外单手拉绳，进行两人或多人角力游戏。发令后个人用力相自己的方向拉绳。抓住或达到预定的目标为胜。这种方法可以锻炼学生的腰腹及上、下肢力量(如图 25、图 26 所示)。

图 25 三人角力

图 26 四人角力

以上介绍的多种拔河方式丰富了拔河的内容，点燃了学生的练习激情，学生在拼搏的过程中充分享受了拔河的乐趣。

拔河绳游戏类

在拔河绳拓展的基础上，还设计了多种拔河绳的游戏。

1. 传绳

(1) 跨下传绳（如图 27 所示）

学生站成纵队前后一定距离，两脚左右开立，排头持绳头从胯下向后传递，最后一位同学接到拔河绳为止，快者为胜。这种方法可以培养学生的团队合作精神。

图 27

(2) 头上传绳(如图 28 所示)

图 28

学生双手持长绳于头顶等间距站立。练习时,同时向前传绳。当最后一位学生手中无绳时,迅速从纵队一侧做加速跑到排头接拔河绳,站好位置继续传绳,以此类推。

2. 走钢丝

将拔河绳为"钢丝"摆放在操场上,让学生两脚踩着"钢丝"前进,要求两脚不能踩在绳索以外的地方,看哪组学生能从一端至末端迅速通过为胜。

3. 全面争夺

在场地上划一条中线和两条底线,将拔河绳放在中线上。学生先面对拔河绳分别成两列横队面对面站立于绳的两边,然后两腿前后分开成弓步站立,双手将拔河绳拿起。裁判员发令后,各方齐心协力向各自的方向用力拉绳。先用脚触到本方底线的对为胜。

4. 飞夺泸定桥(如图 29 所示)

图 29

两组学生相对站成两排，用力将绳子拉成水平的多个相连的“W”形绳梯，让一名学生以爬行的方式通过，学生之间交换练习，看谁通过的速度快。

5. 拉网捕鱼

两名学生各持拔河绳的一端充当“渔夫”，其余学生站在规定的区域内扮演“鱼”，两名学生通过来回奔跑，使拔河绳在规定的区域内来回拖动。区域内的学生通过跳跃和跑动来躲拔河绳，如被拔河绳碰到，被碰到的学生与“渔夫”交换角色。

6. 跳“房子”

用拔河绳在地上搭“房子”，进行练习。

图 30

——案例来源：南通市小海中学瞿迎春《拔河绳功能拓展》研究成果

“活用教材”教，用“活教材”学

【案例】《弱手投掷》实践课教学案例

片段一：尝试准备，问题对比导入

“通过刚才练习，我发现，绝大多数同学们，是用右手练习的，下面我们换个方向，要求用左手来投，看能不能投中篮筐”。在学生们完成篮球常用练习手段后，我提出了这样的练习要求。随着我的练习口令的下达，同学们一个个全神贯注地练习起来，可不一会儿，就有同学小声地议论起来，表情很滑稽。“什么感觉?”，我不失时机地停止了练习。“没感觉!”，“做起来挺别扭的”，“何力在空中跳起的动作像只猴子，哈哈”，“你还说我呢，你的动作比我更丑”，“哈哈……”，同学们七嘴八舌议论着。

师：“什么原因呢？为什么会出现这种现象?”

生：“我们平时不用左手。”

师：“为什么不用左手?”

生：“我们从小都是用右手，哪个用左手呀，左撇子才用左手呢!”

师：“对，平时生活中，我们同学习惯用右手，而忽视了对左手的训练，造成了人体右侧的力量，强于左侧，出现了左右发展不均衡的现象。而人体是一个协调的整体，要想得到全面、均衡的发展，我们就必须要加强左手训练，训练左手，还能激发人体哪些功能呢？请大家跟我来看老师为你们准备的课件。”

（学生观看多媒体课件）

生："啊！多用左手，还能刺激右脑，促进人的智力发展啊！"

自学完了课件，学生争相复述着课件内容，边讲述着开发右脑的好处，边议论着训练左手的重要性。

片段二：活用教材、多样体验，多种尝试

高中体育教学中没有现成的左手技能的教学方法和任何的教学资料的参考，学生从未有"左手意识"和左手运动的基础。但是，在教学中，巧设问题启发学生逆向思考，活用以往教材中以"右手为例"的投掷技术技能的教学方法，参照其教学步骤，遵循动作技能形成的规律和学生认知规律，反而行之，并要求自学设计多样的左手投掷姿势为学练手段，由浅入深，由易到难，逐步推进，最终促进了左手投掷动作技能的形成。

教学中，每种练习的姿势和练习手段，都带着明确的练习目标。自学体验和尝试变换练习的姿势、改变练习纸球的大小、设置靶标距离的长短、变换练习靶标的种类等练习条件，在不同的练习情境中，紧紧围绕"左手感觉"和"建立左侧协调用力的感觉"两大运动体验，配合大量的身体练习，力求寻找正确动作所获得的肌肉运动感觉，逐渐形成正确的左手投掷身体姿势，从而达成教学目标和练习要求。例如，在建立左手运动的感觉时，学生运用了念动练习法配合仰卧后投的动作技能练习；在建立左肩带臂发力的感觉时，学生运用了右侧撑投远距靶标；在建立以腰带胸、胸带肩的正确发力顺序的本体感觉时，学生采用了坐姿投准（中等距离的环型靶标）；在建立左侧协调用力的本体感觉时，让学生练习站姿投远；在巩固和提高所学技能时，学生利用自行设计的移动靶标让学生投击等等。

学生们在不同练习条件下，进行着大量的左手技能尝试练习体验，讨论总结学习心得，品尝尝试练习带给他们的快乐；体验着不同的练习姿势，带来的左手用力强弱不同的感觉；体验着纸球击中靶标后的成功的喜悦;更多的则是纸球带给他们那份久违的童趣。

片段三:创设民主和谐氛围、巧妙设疑、挖掘尝试练习新学法

师:“怎样才能尽快地掌握左手投掷?各组就你们的学习方法进行交流和讨论。”

生:“我们是根据自己右手投掷的经验,通过体验右手发力的特征,让左手去寻找这种发力的感觉。”

师:“自己的右手去教左手,看,我们同学把自己变成了一部活教材!”

生:“我们这一组是利用独有的资源优势,我们请任立同学给我们做左手示范,大家一起跟着他模仿学习的。”

师:“为什么请他?”

生:“他是左撇子,他才是我们小组的活教材呢,我们大家跟在他后面学,可快多了!”

师:“哦!左撇子这个活教材不错,看!我们同学已经挖掘出两个活教材了,而且是非常具体的、生动的、可行的活教材。”

生:“我们认为,起初学习的时候,不要咬牙切齿,用许多蛮力,只要把力用顺了,很快就能学会。”

师:“动作对了,力量顺了,投掷技能的掌握就快了。”

生:“我们是在练习中充分发挥集体的力量,练习时,我们相互观摩、相互纠正,这大大加快了我们小组学习左手投掷的进程。”

师:“很好!集体的力量,集体的智慧,不错!希望你们在平时的学习生活中,也能合作学习,提高学习效率,共同进步。想不到,一个左手投掷,我们同学竟想出了这么多的学习方法!好,下面我们就采用右手教左手和请左撇子的这两个活教材的学习方法,来掌握左手投掷!”通过“活用教材”进行左手动作技能多次分步尝试教学,到运用“活教材”指导学生学会动作技能完整的学习,至此,左手技能在师生的互动中，在同学们自主、合作、探究中一步步灵动地生成。

——案例来源：江苏省白蒲高级中学马建华老师《弱手投掷》课堂教学案例

以上案例，教师根据学生肢体运动的强弱来进行课程内容开发的。在具体的教学实践操作中，教师让学生用纸球自主尝试练习篮球中一些常规性练习，达到热身激趣的目的和做好进一步的尝试练习准备。在学生完成行进间投“篮”（篮球娄为目标篮筐）后，提示学生反方向练习左手投篮，通过巧妙设疑、对比体验展开课题。利用多媒体课件的演示，让学生自学教材，充分认识左手投掷技能本身所蕴涵的体育文化和锻炼价值，把学习左手投掷技能转化为个人内心的迫切需要。教学中，创造性地运用“‘活用教材’教”和“用‘活教材’学”两大教学策略，以投掷技能形成为主线，以不同类型的纸球练习和靶标的设计为载体，以多样的左手投掷姿势为手段，探索学生自主、合作、探究、创新的学习方法，培养其创新和适应能力。最终，教会学生突破习惯，常用左手，刺激与之相对应的右脑半球，促进学生智育的发展，从而提高文化课学习效率。

1. “换个角度，原来投掷教学也是如此的美丽”。对于中学阶段的投掷技术技能的教学，从来都是褒少贬多，无非是从学生的学习兴趣、终身锻炼的形式趋向等因素考虑，但无人能否认投掷技能对于中学生的健康成长具有较高的、不可替代的锻炼价值。因此，我想，我们的投掷教学应依据新课程这个视角，来重新看待，认真考虑怎样教，我们的学生才能更好地学。改变过于注重讲解、示范的教学形式，巧妙运用“尝试教学法”课堂教学模式，积极营造教学的艺术点，努力挖掘教学的兴趣点，充分突出教学的重难点，力争教出投掷教学内容的科学性、教师教学行为的艺术性、学生学习过程的真实性。从这个角度看，原本枯燥无味的投掷教学何愁没有生长的土壤。

2. 教学实施过程中，以学生为主体，让学生留有足够的自主尝试练习的时间和合作探究的空间，放手让学生去探索、去思考、去跋涉、去创造，使体育教学本身成为学生情感交流、思维碰撞、智慧生成、生命成长的过程，使体育课堂因学生的积极参与而生动，因学生的勤于练习、乐于探究、善于合作而美丽。说实话，本案例在课前学法的预设中，对于“活教材”的使用，我只想到了“右手教左手”的个人教材，正是在课堂中有学生交流合作的时间与空间，学生群体的智慧创造和挖掘了“左撇子”这部人人合作的“活教材”。他们的创造性丰富了学习过程，更重要的一点表明，他们已经学会了学习。

3. 合作探索、主动尝试、自我发现是获得知识的最佳途径，以身体练习为主要手段的体育课程显得尤为突出。回顾体育课堂教学中各类知识、技能的学习经验、方法，只有真实地体验所获得的肌肉感觉、技术技能知识及对其锻炼价值的认知才是最深刻的，甚至于达到终生难忘的效果。所以，在体育课堂教学中，应创建真实的学习情境，放开手脚，让学生大胆尝试，引导他们在身体练习的体验中顿悟，指导其在自主、合作、探究中学习，创造最优化的教学条件，帮助他们学会学习。而尝试教学法课堂教学模式正是给我们提供了课程目标实现和达成的路径。

他山之石:SPARK 带来的启发

【案例】SPARK 课程中有关跳绳教学的案例

阶段一:充分挖掘跳绳的多种技术

表 1 中列出了 17 种主要的跳绳技术动作,其中有些动作还可以根据速度、持续时间和左右平衡分化出更多的动作。

表 1　跳绳单元要掌握的技术动作

平地跳	摇铃跳
双侧/单侧摇绳	反摇双跳/单跳(左/右)
正摇单跳/双跳	体侧叉腿跳,前叉腿跳,“X”跳
快速跳,双摇	编花跳(前编花和后编花)
双跳和单跳(左脚/右脚)	缠绕跳
前摆腿跳	360 旋转跳
跳绳跑	跳长绳
跳绳跑	复绳

(资料来自美国 SPARK 教材《跳绳》单元)

阶段二:在全面练习的基础上细化动作技术

表 2 抽选了部分跳绳技术动作,详细提出每一个动作要领,以及学习的方法等。

表2 跳绳技术动作的教学

活　动	教学备注
平地跳绳	—顺着绳子从一边跳到另一边 —顺着绳子一边单脚跳，然后从另一边跳回来 —叉开腿在绳子上方跳
体侧双摇	—绳子两端放入一只手中，在一侧摇两圈，然后在另一侧摇两圈 —当绳子触地时屈膝 —用手腕甩绳子而不是用手臂 —保持肘部紧贴着身体
双侧摇绳跳	—每只手拿一只手柄，两手一起放在身前 —保持肘部紧贴身体 —摇动两边绳子后，打开绳子走过或者跳过去

（资料来自美国 SPARK 教材《跳绳》单元）

阶段三：设置挑战，深化运动技能

在跳绳这一单元中，几乎每一堂课都安排了挑战项目，这些项目大部分来自于本堂课习得的技术动作。通过设置挑战项目，激发学生的学习热情，提高运动强度，从而有利于学生发展体能，能够有效地促进学生对运动技能的巩固。

阶段四：自主探究，合作创新

跳绳这一单元的最后几堂课属于集体课程，要求学生在进行集体交流的同时把已学习的各种技术进行改善与融合，创造出新的技术动作。

——案例来源：《体育教学》2009 年第 9 期，作者：胡卫星、梁龙旭

以上案例是来自《体育教学》SPARK 系列文章之四，能很明显地看出该案例打破传统体育教学模式，通过调整体育活动内容来设计与开发跳绳运动项目，提高了体育课程的趣味性，全方位地开发课程资

源，使学生的学习拥有更多的自主权，体育学习变得更有效率。同时，通过几次参与 SPARK 课程的培训，让我体会到对体育资源的开发，不仅要有横向拓宽，而且要有纵向拓宽。如：(1) 安全意识与挑战意识并存。SPARK 课程中既注重对课堂中存在的隐患及时预防，又明确提出了每节课的挑战目标。例如，该课程在跳绳单元中详细规定了场地、器材的样式和规格等，以保障教学的安全进行；还注重让学生来参与安全管理和教学准备工作，不仅有效利用了时间资源，有效地预防了危险事故的发生，更重要的是培养了学生的安全意识和动手能力。另外，SPARK 课程还通过设立挑战目标的方式，充分挖掘运动项目的挑战性，激发学生的学习兴趣和热情。SPARK 课程这种既强调安全，又培养学生挑战意识的做法，值得我们学习。我们都知道，任何体育活动都是以安全为基础的，我国体育教学历经多年发展后也日益重视安全在体育教学中的地位，但对安全的认识尚存在两个误区：一是安全意识不高，对课堂的场地布置、器材安排以及某些高难度技术动作认识不充分，而中小学生活泼、好动，极易受伤，容易造成安全事故；二是矫枉过正，由于认识到一些场地、器材的潜在危险性，因此在教学中畏手畏脚，导致教学内容缺乏挑战性，最终难以激发学生的学习兴趣。(2) 技能意识和健康意识并存。掌握大量的基本运动技能是 SPARK 课程为学生设立的目标之一。从上述跳绳案例中我们可以看出，作为跳绳的入门基础动作，教案中详细解释了动作的学习步骤与注意事项，以帮助学生习得正规的技术动作，并促进后期复杂动作技能的学习，例如“双摇”、“编花”和“复绳”等。这种从基础技能动作形成到高水平复杂技能的学习，适合各水平层次学生的学习与参与，从而不让任何一个学生掉队。与此同时，SPARK 课程还非常关注学生的整体健康发展。在课程学习内容中，不仅有远足、绳索下降、攀岩等心理挑战项目的学习，还有飞镖、飞盘、高尔夫、韵律体操等休闲项目，这些项目对于学生的身体健康、心理健康和社会适应能力的提高来说，都会有很大的促进作用。(3) 课程广度和深度有机统一。随着教育终身化、全球化、社会化、信息化的来临，大教育观应运而生。

因此，体育教师应具有大体育课程资源观，注重课程资源的广泛性和持续性，延伸和拓宽课程资源的广度和深度，尽可能地开发与利用有益于体育教学活动的一切课程资源。调整体育活动内容，拓展课程资源的广度和深度是SPARK课程的特色之处。除了不断引进多种运动项目，横向开发课程资源，扩大教学内容的广度以外，该课程还非常重视对于技能学习的深度挖潜。例如跳绳单元的16个课时中，在学习内容上，不仅有新手入门的基础动作，还有类似双摇和编花、个人挑战、集体合作等复杂技能的学习；在教学方法上，不仅有传统的动作技术教学模式，而且还通过体育教师与学生一起创编和丰富跳绳技术动作的方法，以弥补跳绳因个人动作技术较多而相对比较单调的缺陷，有效地培养了学生对该项目的学习乐趣。这是SPARK课程深度挖潜课程资源的一个成功案例，值得我们学习。

目前，我国体育新课程的实施取得了一些成绩，但在课程资源的利用与开发上，还只是停留在表面，尚缺乏深入的研究，还需要我们体育教育工作者进行更多的探索与实践。SPARK经过多年的发展已经形成了比较完善的课程体系，我们应该取之所长，进行灵活的应用，尤其是该课程对课程资源的利用与开发，对我国体育校本课程的建设具有很大的借鉴意义。

“走进”体育校本课程开发

【案例】《××小学花样跳绳校本课程开发与实施》成效

学生的心声

金俊镭：跳绳可以 ti(提)高我们的运动能力，跳绳也可以让我们 jian kang(健康)，跳绳也可以让我们长高；跳绳也可以给我们养成 bang zhu(帮助)同学的好习惯。

袁琴星：我觉得跳绳会 gei(给)我带来快乐也可以 gei(给)我带来 jiankang(健康)，也可以帮我消除哭鼻子的坏习惯，还可以 bang(帮)我消除一天的 pi juan(疲倦)。跳绳真是无比开心，我爱跳绳。

古 韵：在 you(幼)儿园的时候，我只能跳一两个，但是我 man man(慢慢)地会连起来跳了，那时候我非常开心，但是我开心一会儿，心想我不要太开心了，不然我会落后的，然后我 ji xu(继续)跳绳，大班 bi(毕)业了，我到了一年级，sui(虽)然我已经会跳绳了，但是我不骄 ao(傲)，ji xu(继续)跳绳，而且在赵老师的教导下，我已经能跳 5 种花样，每次老师表扬我时，同学们可羡慕我了。同学们，我深深爱上了跳绳哦！

教师的成长

张老师说：“自从体育课上参透花样艺术跳绳以后，学生对于上体育课的积极性有了明显提高。因为花样艺术跳绳运动不光是学什么练什么，而且是可以发挥学生自己的想象进行创编训练。

有的学生能创编出很好的花样，但由于体力不如别人，虽然是自己创编的花样却跳不过别人，觉得不甘心，从而意识到加强体育锻炼的重要性，认识到认真上好体育课的重要性，也就爱上体育课了。再有由于花样艺术跳绳的原因，课堂上加上了活泼的背景音乐，游戏内容更丰富了，再加上教师更重视发挥学生的主题作用了，学生的学习积极性自然也高了。不仅学生们受益了，而且本组的体育教师的学习能力、开发能力、教学能力和科研能力有明显提高，个人的综合素质也得到增强。”

领导的评价

许校长说：“经过我们学校师生的四年来的共同努力，花样跳绳已经成为我们学校特色运动项目，每逢活动对外展示的窗口。学校的跳绳队代表学生参加各类比赛，屡屡获奖。课间看到大部分学生有事情做了。近几年从学生体质数据来看，开始有所上升，真让人欣慰。”

家长的参与

袁建家长：刚开始跳绳，是为了帮助女儿完成跳绳家庭作业，通过几周的练习不仅发现女儿跳绳有了很大的进步，自己跳绳也有了很大的进步，现在还能跳一个花样呢。每次在跟女儿比赛时，看到她既开心又不服输的样子，真是收获多多。

张佳乐家长：现在跳绳成为乐乐每天必须做的作业之一了，这首先要谢谢赵老师的对她的鼓励与支持，教会了她跳绳，不断地关注她，激发她跳绳的兴趣。看到乐乐对跳绳越来越有兴趣，天天自觉运动，体质越来越好，心里真高兴。

——案例来源：摘自《南通市开发区实验小学花样跳绳校本课程成果集》，作者：赵娟

这个案例从学生、教师、领导、家长四个维度，来检验《××小学花样跳绳校本课程开发与实施》成效，从以上的实践证明××小学开发

的体育校本课程非常成功，跳绳校本课程实施效果显著，学生爱上了跳绳，爱上了花样跳绳，爱上了体育运动，身体素质明显提高，花样跳绳已经逐步成为学校的品牌。为什么会取得如此成功呢？主要的原因是该校将学生的兴趣与需要作为校本课程开发的出发点，确定以体育与健康课程标准为依据，国家或地方教育主管部门的文件为指导，从学校、从学生的实际出发，依照学校的办学思路和育人目标，以促进学生发展为前提，以学生兴趣为动力，以体现学生的自主性为原则，充分发挥学校的师资、设施、场地、器材等优势。跳绳简单易行，所占空间小，跳绳花样繁多，可简可繁，随时可做，随处可做，一学就会。学生可以把一根跳绳随身携带，课间随时可以练习。

反之，在实践中也有不成功、不理想的体育校本课程开发，它们失败的原因在哪里呢？首先我们要知道"体育校本课程"是什么，体育校本课程是从校本课程的定义和当前体育课程改革的形势中演化出来的，是指学校和体育教师在《体育与健康课程标准》和《地方体育与健康课程实施方案》要求的前提下，在《体育与健康课程标准》和《地方体育与健康课程实施方案》框架内或框架外，通过对本校学生体育的需求进行科学的评估，充分利用社区、周边环境和学校体育资源而开发的多样性的、可供学生自由选择的体育课程方案。由于绝大多数体育教师所学的教育学中没有课程论的教育学，另外"校本课程开发"这一概念在我国正式使用的时间不长，有些体育教师认为体育校本课程很神秘，甚至有些体育教师没有听说过体育校本课程，只是从字面上进行肤浅的理解，其价值趋向的偏差形成了貌合神离的体育校本课程。其次，我们在开发过程过程中不能进入以下误区：① 体育校本课程高不可攀。体育校本课程是国家新一轮体育课程改革的一项重要内容，也是实现新体育课程改革目标的重要方式。其主要指导思想是针对国家体育课程的弊端，要求以学校为基地进新课程开发，实现课程决策的民主化。它主要通过选择、改编、整合、补充、拓展等方式对国家体育课程、地方体育课程进行再加工再创造。许多学校根据学生发展的需要和学生的兴趣所开设的体育选修课、兴趣班等就具有体育校本课程的性质，是体育校本课程的萌芽和雏形。因此可以说体育校本课程就在我们身边，并非高深莫测。② 体育校本课程开发就是学校自编体育教材。体育校本课程开发要求要尊重各种民间体育、少数民族的风俗习惯中的体育文化娱乐节目的文化价值，只要有利于学生的发展都可以纳入到体育课程中。因此就有可能编写新体育教材，很显然自编体育教材是进行体育校本课程开发的具体产品之一，但是体育校本课程开发不仅仅指的是具体的体育教材，更重要的是体育课程开发的整个过程，在这个过程中学校得以发展、教师得以提高、学生的需求得以满足。体育校本课程应真正从学校的实际出发，从学生的健康和终身体育发展出发，真正分析并抓住学校体育课程资源的优势。③ 体育校本课程等同于学校中的体育课程。体育校本课程是相对于国家体育课程、地方体育课程提出来的，它是体育课程开发、管理行政主体变化的一种表现，是课程管理、开发权利的再分配。具体来说就是：在学校领导、体育教师、学生、家长、体育课程专家、社会人士等对学生的需求进行科学的评估的基础上，充分利用当地社区体育资源和学校的体育课程资源而开发的多样性的、可供学生自主选择的课程。体育校本课程具有适应性、开放性、选择性和灵活性。如果将它局限于本校的师资和校内的资源，使之成为纯粹的本校体育课程，这无异于画地为牢，自捆手脚。④ 体育校本课程是选修课或兴趣课。有些学校把体育校本课程作为选修课或兴趣课来开设，但是选修课或者兴趣课中并非全都是学生感兴趣的，有些只是为了满足某些领导和学者的口味或者是为了应付上级领导的检查。至于为什么要进行体育校本课程开发，很多学校的指导思想不明确，只是把体育校本课程开发作为上级教育主管部门的任务来完成，为了在省、市体育比赛中拿到好成绩，为学校争光；而没有从教育的日的、价值取向、学生的发展和个体需求和选择来开设相应的体育项目。⑤ 体育校本课程可开发就是把体育课程开发的权力下放给了学校、校长、体育教师等成人，学生仍然是被实施者。体育校本课程是根据学生的体育需求而开发的，是为了学生的身心健康发展而存在的。成人的心理、思维等不同于青少年的，学生真正喜欢什么，在很多时候老师并不很清楚。校本课程作为一种民主的课程管理政策，他是以学校全体成员参与为标志的，这种参与具有广泛性、全程性和选择性，它不仅包括全体教师的参与，还包括学生、家长和社区的参与。这种参与不仅仅指在体育课程实施和体育教学手段方面的决策参与；而且还包括对体育课程开发的全过程的决策参与。这种参与不是教师强迫的参与，而是学生自愿选择的参与。因此学生不仅是体育校本课程的被实施者，也是体育校本课程的开发者和合作者之一。⑥ 体育校本课程开发不需要严格的评价机制。有些学校或体育教师只注重体育校本课程的开发，而不重视体育校本课程评价的开发，认为只要学生喜欢就行了。学生是否喜欢只是其中的一项指标，校本课程开发还要求其科学性，符合学生的身心发展需要，有利于形成科学的动作技能以及体育知识的系统性，形成终身体育的意识和习惯，为终身体育打下坚实的基础。体育校本课程评价机制的开发是体育校本课程开发的一项重要任务，体育校本课程评价机制开发的科学与否是体育校本课程开发、实施质量的保证。没有评价机制的约束，体育校本课程的设置就会流于一种形式或成为一盘散沙，造成体育课程资源的巨大浪费。最后，目前我国教育基础资源不完善、不成熟，教师专业素质偏低，因此在进行体育校本课程开发时我们要时刻警惕体育校本课程光环下存在的隐患。教育行政部门要对体育校本课程开发进行正确的指导和监督，制定体育校本课程开发的策略，从各个环节来保证体育校本课程开发的质量。体育科研部门及体育课程专家要加强对体育校本课程开发的监督和支持，成立体育校本课程开发的专家咨询机构，提供理论上的支持。健全社区、家长、学生对体育校本课程开发的监督、约束机制，确保体育校本课程的开发切合学生的需求。增强体育校本课程开发学校间的校际交流，实现资源、经验共享，共同发展，共同提高。完善、健全体育校本课程开发过程中的内部评价，真正做到过程评价和结果评价的结合，诊断评价和总结性评价的结合、内部评价和外部评价的结合。

真正意义上的校本课程

【案例】南通中学校本课程JSTF模块组合介绍

基础、生活、特色、发展

——南通中学校本课程JSTF模块组合介绍

JSTF模块组合是南通中学为实施初高中体育与健康课程标准而专门制定的实施方案，它是当前体育课程多种模式中的一例。JSTF四个汉语拼音字母分别代表了基础、生活、特色、发展四组单词。它代表了制订实施方案的指导思想，即：重视基础、渗透生活、呈现特色、全面发展；它同时又代表了体育与健康课程内容的十六个模块是由四个系列组成的，符合课标精神又适应本校需求，体育教材构建就是系列和模块合理选择和组合而成的。

JSTF模块组合除了上述含义外，还包含了该方案的全部内容：抓住一个环节——校本课程开发；关注两大组合——基础＋专长，发展＋兴趣；架设三个学习台阶——懂、会、能；构建教材的四个系列——基础教材、发展教材、生活教材和特色教材；课程方案最终实现课程标准提出的五个领域目标——运动参与、运动技能、身体发展、心理发展、社会适应。

一、抓住一个环节——校本课程开发

近年来，我国基础教育的改革重点转向课程改革，并在政策层面上提出了“三级课程”的设想。1999年6月15日的颁布的《中共中央国务院关于深化教育改革全面推进素质教育的决定》指出：

试行国家课程、地方课程与学校课程。这是一种历史的进步，也为校本课程的开发提供了条件。

校本课程的开发有两种形式：第一种是在国家课程计划中预留一定比例作为给学校决策的校本课程范围，其余的不属于学校。这种课程开发是对课程整体的研究—开发—推广来实现的。第二种是在符合国家课程标准的前提下，对国家和地方的课程进行适应性改编，这种课程开发是对原课程的选择与改编。基础教育课程方案中的体育与健康课程是国家规定的必修课程，国家也已颁布了新的课程标准，对于这样的一类课程如何开发校本课程呢？根据上述分析，这必然是上述第二种方案的选择，即对体育课程标准规定的范围进行选择和改编，最后制定出适合本校实际的实施方案，这也是开发校本课程的一种形式。我们可以通过对课程内容的分解、重组、增删，实现对课程的二度开发，从而使人格特性在课程的二度开发里得到充分发挥，从而使课程内容更有利于培养健全的人格。

新的体育与健康课程标准力求改变过去统得过死、全国一刀切的体育课程要求，它留给了学校进一步选择课程内容的范围，也留给了学校进一步充实课程内容的空间，它的显著特征就是开放和选择。所谓开放，这是指改变了过去课程方案由国家制定、由学校具体实施的一步到位的做法，实现了课程方案由国家、地方、单位分类实施的新策略，为课程设计和编制课程方案提供了可能。所谓选择，这是指教师不再是对号入座地机械执行，学生也不再是平均用力、蜻蜓点水样地学，而是能突出重点，使学校的体育特色得以发挥、教师的专长和创造精神得以展示、学生的个性与能力得以发展。

在这样的条件下，我们必须明确当前体育课程改革的重要切入点。这就是必须在国家课程的基础上开发校本课程，使体育与健康课程能适应学校条件、适应学生需求，并使新课标在实践中得到顺利贯彻。

二、注重两大组合——基础＋专长、发展＋兴趣

在新的高中体育与健康课程标准的目标中，明确地提出了体育与健康课程要“培养学生稳定的爱好与专长”，这是和历次教学大纲的不同之处，也反映了新课标的特色。因此，我们做了问卷调查，根据学生的兴趣和爱好以及学校的实际情况，从高中体育教材中选择了足球、篮球、排球、乒乓球、羽毛球、健美操这六项深受青少年喜爱的运动项目为选修课教材，开设选修课教学。另外还设置了一个基础教学班，以使高一阶段基础差的学生迅速提高体育成绩，尽早确立兴趣项目，以便能够迅速进行选修课学习。

但是，在初中阶段，如何由小学阶段的重视基础向高中阶段的培养稳定的爱好和专长过渡，这同样也是我们应当关心的课题。因此，初中阶段必须把基础和专长两者密切地结合起来。在JSTF模块中，初中阶段我们把基础类教材不形成独立单元，与其他各类教材相互搭配使用，而把发展类教材和特色类教材则进行大单元教学，并进行小型竞赛，形成一定的专长项目，做好向高中阶段的过渡。

近年来，体育课上重视快乐体育，学生只要玩得开心就是一堂好的体育课。在强调教师和学生可以选择学习内容后，出现了单凭兴趣选择内容、忽视学生的发展的偏向，例如，初中阶段以乒乓球为主开展活动，学生运动负荷不足、发展身体不全面，有些学校由于某些原因甚至把围棋作为教学内容，偏离了体育以身体练习为手段的主要特征。

在体育课上，必须重视那些对身心发展的作用全面并具有良好效果的运动项目，例如篮球、排球、足球、武术和韵律体操。但是，也必须重视那些学生感兴趣并而且在学生日常生活中容易实施的一些项目，以促进学生体育的生活化。例如，羽毛球、保龄球、风筝、毽球等，这些项目在学生身心发展的要求方面不如篮球、排

球、足球等，但在促进体育的生活化方面都有更好的效果。

关注基础＋专长、发展＋兴趣两大组合，反映了初中校本课程的主要特征和主导思想，它最终的目标还是为了更好地实现新课标提出的五个领域目标。

三、架设三个学习台阶——懂、会、能

架设三个学习台阶反映的是对不同学习项目的不同要求。过去我们的体育课中，不仅学习很多内容，而且对每一种内容同等要求，其结果是贪多嚼不烂，重点也不突出。提出不同的学习平台是针对不同类别的学习项目提出的。三个学习平台分别是懂、会、能。

（1）懂：指知道该项目的玩法，而进一步掌握其知识和技能可以在日常生活实现，不必在体育课中过多地重复。以初一年级体育课为例，初一体育课中开设的该类项目就包括了 8 项：即：乒乓球、羽毛球、保龄球、风筝、毽球、陀螺、飞盘、定向与远足。

（2）会：指不仅要知道玩法，还要求掌握知识与技能，进而掌握初步的规则。这类内容学习的单元时间要长，还应当在各个学年中重复出现。初一体育课中开设的该类项目包括了 4 项，即：篮球、软式排球、韵律操、武术。

（3）能：包括了两种情况：第一种是那些基础类的项目，它的技术和技能的难度并不大，学生早就会了，此时的学习平台当然应当是能。这里的能是指能力，包括跑得快，跳得高等。对于基础类的项目，应当在每一个学年、每一个教学单元中重复出现，但不一定形成独立的单元。在初一年级开展的具体项目包括 4 项：即跑、跳、投和基本体操。第二种是学校的特色项目，它可以在上述所有的学习项目中选定，当然，它所建立的学习平台对懂、会、能有全面的要求。对于这一类项目应当在每一个学年中都有出现，而且都要进行大单元的教学。比如初一年级开设的该类项目包括 3 项，即：篮球、软式排球、韵律操。而在高中选修课是以三年为一个大

单元的教学，因此它包括了足球、篮球、排球、乒乓球、羽毛球、健美操。

四、构建教材的四个系列——基础教材、生活教材、特色教材、发展教材

根据两大组合和三个台阶的学习要求，构建了 JSTF 四个教材系列，其纵横关系由下图构成(以初一年级为例)：

		三个学习台阶			教学要求
		懂	会	能	
四个教材系统	J基础类			跑、跳、投、基本体操 4 个模块	作为在各学年、各学期的各单元中，J 和 S 类教材共同组成复合单元。
	S生活类	乒乓球、羽毛球、保龄球、毽球、陀螺、飞盘定向和远足 8 个模块			可分别以独立单元出现在各学年，也可以和 J 类教材共同组成复合单元。
	F发展类		篮球、软式排球、韵律操、武术 4 个模块	可以按独立单元重复出现在各学年。J 类教材为副项	
	T特色类	男生和女生分别由上述项目中选择 1～2 项			可以按独立单元重复出现在各学期 J 类教材为副项

上述四个教材系列由 16 个模式组成，每个教师可按此要求，从 16 个模块中选择学生实际学习的模块，构成学年教学计划。

五、实现五个领域目标——运动参与、运动技能、身体发展、心理发展、社会适应

教师应以五个领域目标为依据，按 JSTF 模块组合的要求来

具体编创适合本校特点的课程，并编写校本课程教材。

学年计划的要求：

(1) 计划是以单元为基础的 JSTF 模块组合。

(2) 作为各单元构成部分的副项教材，作为几类教材相结合的复合单元可包含 J 类、S 类，单元教材单元则包含了 JSTF 三类教材。

(3) 四类教材中由 16 个模块构成，实际教给学生的是从中选择的部分模块。

每学年同一项目的 T 是 2 个模块(单元)，相异项目的 F 类 2 个模块，相异的 S 类及 J 类复合是 4 个模块，合计 8 个模块。

(4) T、F 两类采用大单元，每单元 8～12 课时；S 和 S、J 复合类采用小单元，每单元 3～5 课时。按全年 68 课时安排授课(已除去理论教材)。

需要说明的是，体育与健康课程 JSTF 模块是我校校本课程的初次尝试，基础类主要是指体育教学内容的基础常识，身体基本训练要求；发展类是根据学生的基础条件选择适应学生终身体育能力的一项内容；生活类是指生活中的体育，其教学要求比正常的比赛、训练要求低，内容的选择更适合于生活中；特色类是指根据学校多年的传统以及根据学校场地设施、教师特长所设立的项目。

——案例来源：《体育教学》2004 年第 1 期，作者：任学明

校本课程的开发是教育迎接新世纪挑战的一种回应，是贯彻落实中央《决定》，实施素质教育对学校提出的必然要求，是学校充分发展办学优势和特色，积极贯彻落实国家的教育方针，促使学生和谐发展继而推动社会的发展，培养和造就“创造新世纪的人”的一项基本建设。目标指向明确、内容多样、课程设置灵活的校本课程能使学生在掌握国家课程规定的基础知识、基本技能的同时，引导学生在众多的课程的选择中得到个性发展的及时补偿，在选择中发现潜在能力的火花，在选择中培养学生的信息采集和加工的能力，学会学习，使学生在

课程的自主选择和个性化知识的掌握过程中形成更多更广泛的能力，更好地认识学习的价值，塑造健全的人格，学会生存。这些，正是校本课程开发的意义所在。

华东师范大学教育学博士郑金洲在《走向校本》中这样解释：所谓校本，一是为了学校，二是在学校中，三是基于学校。为了学校，是指要以改进学校实践、解决学校所面临的问题为指向；在学校中，是指要树立这样一种观念，即学校自身的问题，要由学校中的人来解决，要经过学校校长、教师的共同探讨、分析来解决，所形成的解决问题的诸种方案要在学校中加以有效实施。

《基础、生活、特色、发展——南通中学校本课程 JSTF 模块组合介绍》就是这种时代要求下的研究成果，它考虑了学生的认知背景与需要，符合学校的主客观条件及其所处地区的经济与文化水平，凸显了学校自身的办学特色，同时也考验了教师的课程意识与开发能力。

第五篇

我们还在路上

香港中文大学黄毅英曾经写下"期盼、失落、冲突、化解和再上路……";季浏老师曾说:"体育新课程是不断逼近的理想。"或许我们可以这样去理解,真正的教育理想也许永远在路上,我们只能不断靠近,很可能无法完全企及。所以,我们任重道远。

依然热议“喜欢体育不喜欢体育课”

【案例】“喜欢体育不喜欢体育课”依然是大家的口头禅

事件时间:2012-11-12　15:17

有人在百度知道提问:为什么会出现学生喜欢体育不喜欢体育课的现象?

http://zhidao.baidu.com/question/496914799.html

事件时间:2012-09-29

国培计划(2012)——河南省农村义务教育阶段体育教师远程研修讨论话题

近年来,在我国学校体育领域经常讨论着一种“学生喜欢体育而不喜欢体育课”的说法,在网上搜索这个话题可以检索到一万多个条目,在学术期刊网上我们也可以见到许多文章都引用这句话,甚至在一些全国性的学术性会议上的发言都有人经常把它当一个论据来使用。那么这个现象真是存在,还是认识有所偏差呢?本文就从这个角度切入,并且依据自己收集的许多资料和文献,谈谈自己的感触和想法。

http://henan.gp2012.teacher.com.cn/GuoPeiAdmin/HomeWork/ShowStudentHomework.aspx?HomeWorkStudentID=6644

事件时间：2012-07-12

通辽市 2012 年中小学教师全员远程及校本研修　组织“学生为何喜欢体育不喜欢体育课”的话题讨论

http://club1.fxl2011.teacher.com.cn/topic.aspx?topicid=2379252

事件时间：2012-04-07　08:01:22

高中学生“喜欢体育不喜欢上体育课”现象的成因分析

http://blog.sina.com.cn/s/blog_82223b0401015a17.html

笔者在网络上摘取了 2012 年的不同层面具有代表性的关于“喜欢体育不喜欢体育课”话题的背景资料。据笔者了解，今年的国培活动中，“喜欢体育不喜欢体育课”依然是大家交流的比较多的话题之一。

“喜欢体育不喜欢体育课”，在 2001 年的时候，应该是一个流行的说法，但是我一直把它当做警示语。因为说的是事实，但这是一种让体育教师蒙羞的事实。不知道这可不可以算是体育课程必须改革的引子之一。记得在 2001 年的《中国学校体育》，有一篇文章《让学生都喜欢上体育课》，作者是夏峰，后来才知道这是赖天德老师的笔名大作，文章说的就是这事儿。当时特别有感觉的就是赖老师在面对这个问题的时候，更多的是从教师出发，倡导体育教师要努力提高自己的思想业务素质，深入钻研教材，改革组织教法，千方百计地让学生都喜欢我们的体育课。我认为这样的态度很好，可以引导体育老师从自身出发来解决问题，而不是一味地去埋怨外在的因素，因为有时候外界的因素是我们无力改变的，如果再不能从自身出发寻找一些突破的话，那这个工作就真的没有办法做了。

赖老师在文章的最后提到学生喜不喜欢上体育课，归根结底在于能否在课堂上获得运动的乐趣和成功的体验。这两点很重要，在后续的体育课程改革中也成为焦点。用课程改革的话来说就是要关注学生的学习兴趣和让学生看到自己的进步。

兴趣问题是体育课程改革进程中的焦点，在体育教学中学生的兴趣得到了充分的尊重，特别是在高中还进行选项学习。课程标准认为，兴趣直接影响着学生参与体育学习和活动的积极性和主动性，有助于促进学生形成坚持体育锻炼的习惯，让学生将体育活动作为自己生活中不可缺少的组成部分。可惜的是这条路没有能够走好，以至于后来还出现了“重视学生的运动兴趣是否是意味着淡化运动技能教学”的讨论，观点纷呈，意见不一。有人认为既然要让学生体验运动乐趣，就无需要求学生非得掌握什么运动技能，只要学生玩得痛快，获得愉快和成功的体验就可以了，体育教学不就是要培养学生的运动兴趣吗？而有人则认为，体育作为一门学科，其教学就必须让学生有效地掌握运动技能，只是快乐地玩一玩、活动活动，那不是体育教学，为了让学生掌握运动技能和发展学生的身体素质，有时候就是牺牲一些乐趣也是应该的。激烈的讨论，使得运动技能学习和体验运动乐趣，似乎有点像“鱼和熊掌”，不可兼得了。兴趣就在这些左右不定的讨论中没有了方向，体育课程改革一段时间之后，运动技能教学好像被回归，占了上风。钟摆式的变化，使得我不由想起“极高明而到中庸”这句话，感慨顿发。

让学生看到自己的进步，应该是评价范畴的事情，但是最初的起步应该是在目标的设置上，不能够用统一的目标和要求来对待千差万别的学生，特别是不能用以往的模式：认定学生的体育成绩往往是以测验的成绩代替了评价。现在回过头来看，这实际上是一个很愚蠢的错误。

举个 100 m 跑的例子，两个学生都跑 12″5，就这个成绩来讲就是一个数值，也就是对学习行为结果的一个描述，如果不对这个数值赋予价值判断，12″5 本身就没有什么意义。如果从学生的发展的角度对这个学习行为结果来判断的时候，那我们就可以知道这个数值对于学生来说是通过学习进步了还是没有进步；两个学生都跑 12″5，但是由于学习基础的不一样，一个人可能是进步，另一个有可能就是退步。

但是在以往的学习评价中，好多老师就直接根据 12″5 打一个成绩就作为学生学习的最终评价结果，所以好多学生（特别是基础差的学生）在学习过程中做出了许多努力，但是到最后，统一的标准抹杀了学生的努力与进步，于是有人对学习就产生了厌学甚至是怕学的心理。

兴趣迷失了方向，测验替代了评价，这可能只是学生不喜欢体育的冰山一角。但是我们只要去克服这一类的问题，可能我们的体育课就会往前迈出一步，前进一些。但是到了今天，我们仍然还听到这样的声音，看到这样的现象，我们仍然心痛地看着大家不亦乐乎地还在讨论着这个话题，真的悲剧了！！！

课堂教学还存在“目中无人”

【案例】水平四　跑

一节初一年级的短跑公开课。准备活动后，教师要教学生蹲踞式起跑。

教学从讲解开始，执教者讲道：“同学们，现在我给大家讲解一下蹲踞式起跑的动作要领，大家好好听。听到‘各就位’的口令后两脚依次踏于起跑器上，后腿膝跪地，两臂伸直约与肩同宽，两手四指并拢，与拇指分开成人字形，虎口朝下，手指接触地面。重心前移，肩与臂基本垂直于地面。此时，头颈放松与躯干约成一直线，静止不动听预备的口令；听到预备口令后，从容地抬臂，使股骨转子高于肩轴，两点延长线与地面夹角约在15～25度之间，重心前移使肩的投影点超过手支点5公分，并缓慢地做一次深吸气，然后静止听鸣枪声。这时应注意的是两脚前脚掌应紧贴起跑器；当听到鸣枪信号，前腿用力迅速蹬直，后腿积极蹬离起跑器并马上向前摆出，注意小腿防止后撩，同时两臂迅速前后大幅度地摆动，当蹬离前起跑器的一瞬间，后蹬腿充分伸直，后蹬角约35～30度之间，前摆的大腿与地面夹角约60～65度之间，大小腿夹角约小于90度。头与躯干略成一条直线，眼看地面，前摆的臂手与头同高后摆的上臂与前摆的臂约成直线。”

学生刚开始听得很认真，但是在教师繁缛又晦涩的讲解过程中逐渐失去了眼中的光芒，执教者看到这样的情景，心中生急，忍不住突然大喊了一声："你们听懂了吗?"，同学们吓了一跳，马上大声地回答道："听懂了"。

——庄丽霞，《对体育课堂教学错误运用教学方法实例的分析》

http://95095.i.sohu.com/blog/view/158343737.htm

教学不仅是一种告诉。学生学习蹲踞式起跑这个不复杂的动作，完全没有必要进行这么细致甚至是繁冗的讲解。这时候，讲解远不如一个示范来得生动明白。同时学生在小学阶段以及平时的生活中已经潜移默化地积累的相关知识，具有一定的个性化的经验。"教学最大的浪费莫过于把学生已有的经验排除在外。"如果把学生当成一张毫无经验的白纸，一切从零开始，全部采用直接的告诉，那么学生的学习方式就会是单一的，学生的主体性是得不到很好的发挥的。

体育教学促使学生从未成熟状态走向成熟状态，这个过程应该是一个尊重学生权利、让学生健康成长的过程，是一个突显"儿童自我"的过程。但是通过以上的案例可以发现，在新课程下依然还存在这样的教学现象，我们很多老师不仅把儿童视为"学生"，甚至视为"受教育者"，往往认为儿童的"未成熟"，就是一种空白一种缺乏，于是就以自认为"成熟"的标准去对照儿童，作为儿童的成长目标，想方设法地为儿童尽快填补空白，让他们尽快成熟起来。于是体育教学就成为"完成这个动作应该先练习什么"、"这个动作应该那样做"等等的"告诉与指令"；动作要领经常是被灌输、被告诉；儿童在课堂上不断地被"理性"地纠正。这种没有"儿童自我"的体育教学让学生失去了兴趣，让学生失去了获得直接经验的机会，也使得体育课堂远离了儿童这一特定主体。

所以，体育课堂上呈现的应该是"让学"——让学生学会学习，让学生自主学习，让学生合作学习，让学生创造性地学习。有人也许会说，在“以学生为主体”的背后，紧跟的是“以教师为主导”啊？是的，教师依然是教学的主导，但是对于其中的“导”，我想最好的理解应该是“指导、引导、向导”，而不是“领导”。学习就像走一条未知的路，教师不能抱着学生走，也没有必要领着学生走，只要在关键的时候指一下路就可以了。教师是应该站在学生的身后，教会学生自己学习，指导学生自主学习，享受学习。

目标与内容:谁先谁后

【案例】不同目标导向的设计思路

我们以篮球运球上篮动作学习为例。如果说目标侧重于掌握技术,那内容的设计重心就在技能学习上;如果说目标侧重于运球上篮技术的运用,那内容的设计就应该围绕技术运用来设计,为学生提供实战运用技术的空间;如果说目标侧重于培养学生的合作能力,那就应该围绕学生合作学习运球上篮技术的时间、空间、方法来设计。

延续思考:

有篮球与田径两个内容,培养学生的合作能力,你选择哪一个?

需要培养学生合作能力,只有田径学习内容,你可以做到吗?

自我回复:

对于第一个问题,好多老师会习惯性地选择篮球学习,因为大家对篮球学习与田径学习的一个固有判断,限制了老师的思维。对于第二个问题的回答,我想大部分老师的回答是肯定的,因为老师可以对田径学习内容去设计。你不能说学习跑步就不能培养学生的合作能力,其实对学生的跑步,老师也可以设计的。比如两人的牵引跑、多人的持竹竿跑,还有阳光少年的 N 人 $N+1$ 足跑,这些设计都可以培养学生的合作能力。正如倪胜勇老师所说:"对田径运动的形式拓展出多种类型的技能系列的方式方法,我想是可以达到培养学生合作能力的，这涉及一线老师站在一个什么角度来设计和思考了。”

——案例来源：托罗普斯工作室网站，作者：潘雪峰

http://www.ntzx.cn/HTML/pxf/ktjx/2012/09/17/09431-67901.html

这个案例是我针对远程研修专题“高中体育与健康课程目标引领内容的意义与实践”交流中，老师们讨论的最多的就是一节课的设计究竟是“先目标还是先内容”时举的一个例子。我想这个讨论的原点在于：一是大家对课程标准中提出的“目标引领内容”的理解不深不透；二是在几届的全国展示课的活动中，组委会要求参加展示的老师在教学设计中必须把教学内容写在目标之前，以示与“目标引领内容”的区分。

体育课程标准采用“目标引领内容”的模式来构建课程内容体系，在课程开发或教学内容选择上赋予广大体育教师充分的开发权利，课程内容逐渐由统一性向多样性、固定性向选择性等方向转变，从而可以避免以往教学中存在的不管学校有无条件、学生有无学习兴趣，机械地执行统一大纲的情况。也就是说由于体育教学内容健身功能的可替代性，老师不管选择什么内容，只要有助于学习目标的达成就行，所以就有老师用“条条大路通罗马”来比喻“目标引领内容”，其实这倒是很好地解决了中国地域广、地区条件差异大的矛盾，好多具有地方性特色的运动项目应该可以经过改造进入课堂，使得体育教学更加符合地方实际。

对于一堂课的教学设计：究竟是先有目标、后有内容，还是先有内容、后有目标的问题，这两种看法有什么样的区别，说太多的理论大家可能更要晕了。如果我们说“内容服务于目标”我想这个命题大家就容易理解一些了。在体育教学过程中，要有目的地选择、设计对学生发展有价值的学习内容，以达成学生通过体育学习所要达到的目标。也就是在高中阶段，学生选择不同的内容进行学习，虽然是通过不同

内容的学习,但最后学生所要达成的目标应该是一致的。要是不一致的话,那选项学习是不能成立的。所以在这个过程中,对内容的设计的价值是远远大于选择内容的价值的。

正如案例所表现出的:在课堂教学层面贯彻"目标引领内容"这一理念,更好地解决了学校条件的差异性的问题。你可以通过篮球来发展学生的团结协作的精神;我没有篮球,我可以通过跑来达成这样的目标。条件的差异可以通过对内容的设计来弥补。有了这样一个思路,大家就可以创造性地开展选项学习,就不会再钻场地器材的牛角尖儿了。

所以说,目标统领内容不能仅仅是一个顺序问题,同时它也是一个教育理念的问题。"目标引领内容"把课程开发和教学内容的选择权利赋予体育教师,使得体育教师成为课程发展的主体,由他们把体育新课程的蓝图或操作设想按照现代教育理念变成具体行动。他们具有的一些专长、强项按照"目标引领内容"的理念,在改革中有了用武之地。他们可以在自己的熟悉领域根据目标的不同并结合学校资源、学生特点、自身条件来选择课程内容,对课程内容进行拓展、重组、设计,这无形中也对教师提出了更高的要求。

目标多元变成面面俱到

【案例】一堂变速跑课的学习目标

课的内容：变速跑（水平五）

运动参与目标　大部分同学能够主动参与体育锻炼，形成良好的锻炼习惯。

运动技能目标　80％的同学能完成各种变速跑的练习，培养学生正确的跑步方法，发展学生的协调、灵活、柔韧等素质。

身体健康目标　通过变速跑的学习，发展学生的灵活应变能力、反应能力，提高学生的运动的速度、心肺功能。

心理健康目标　在教师的引导下，愉快地进行学习，学生愉悦身心，充分地展现自我，敢于表现自己，陶冶情操，使身心得到和谐发展。

社会适应目标　通过集体学习，互相观察与讨论，增进友谊，增强群体意识，培养学生参与运动的兴趣和锻炼习惯以及良好的合作精神和创新意识，让学生学会学习的方法，为今后的学习、生活和工作打下良好的基础。

通过这个案例我们可以看出，大家在学习新的课程标准的时候都感觉到新的课标为我们体育与健康课程制定了多元化的目标，不少老师起初对这方面的理解总以为，我一堂课目标制定的时候要体现多元化，那么就是方方面面都要把它点到。如果不点到的话，总觉得好像是不是没有体现多元化。我们知道在课堂上要完成与实现的东西毕竟在时间和空间上都是有限的，通过案例中的描述让人感觉到要想把这节课的目标达成的话会有很大的困难。比如说在社会适应这个方面要通过集体学习、互相观察与讨论增进友谊、增强群体意识、培养学生参与运动的兴趣、锻炼习惯以及良好的合作精神和创新意识。这么多的目标全部堆在一起而且还没有具体地设定通过什么来达成这些目标，让人看上去虽然是提到了，但显得很空、很大，我们在做的时候就没有办法来达成这样的目标。还有比如说第二个运动技能目标，它前面提到了百分之八十的同学能完成各种变速跑的练习，培养学生正确的跑步方法这一点跟我们过去的提法还比较相似，但它提到了发展学生的协调、灵活、柔韧等素质。这样一个目标提出来，一个变速跑的练习能够发展这么多方面的素质的时候，让我们没办法来操作这样一个事情。

在新课程下，课堂教学目标应该是多元的，应该体现知识与技能、过程与方法、情感态度与价值观三个大的方面。对于体育课堂来讲，则体现在五个具体的方面。但是我们应该明确有些目标不是通过一堂课就能够实现的，因此在实际操作过程中，体育课堂教学目标要体现多元，但不能面面俱到，把五个方面的目标全部罗列。我们说五个方面的目标具体到一节课中，是应该有所侧重的。这样在课堂教学设计的时候就会有重点，有所突出，而不是搞平均主义，五个都重要，那最后就会导致什么都不重要了。

在最后再附上一个五易教学目标的过程，以供大家参考。案例不可能是尽善完美，或者说完美无缺，但是应该说这个案例比较明确、具体，也体现了学习目标的多元化，同时在体能方面还考虑到学生身体的均衡发展。所以教师们在制定教学目标的时候，要遵循目标具体、明确，具有指向性、可操作性，这样的目标才能很好地指导我们的教学。

【案例】一堂体育课“学习目标”的推敲

年级	高一	人数	24人	日期	2008.5.27	执教	顾亚军
班级	高一9班	组班形式	男	周次	15	课次	43
内容主题	1. 杠上运动：双杠挂臂摆动屈伸上成分腿坐(4—2) 2. 素质练习：腰、背肌力量练习；“挑战自我”游戏			重点	展髋、伸腿、臂压杠的协调用力		
				难点	展髋后腿制动和臂压杠的时机		

以下是该课学习目标五易其稿过程中的文字表达形式：

学习目标(1)	1. 能较连贯地完成挂臂摆动屈伸上成分腿坐动作，并掌握其保护与帮助的方法 2. 领会力的转移对完成动作的作用 3. 体现克服困难，挑战自我的精神品质 4. 加强相互合作、交流，体验成功的乐趣
学习目标(2)	1. 在帮助下较连贯地完成挂臂摆动屈伸上成分腿坐动作，掌握保护与帮助的方法 2. 领会力的转移对完成动作的作用，发展上肢及腰腹力量 3. 体验克服困难取得成功的乐趣，培养挑战自我的品质 4. 加强相互交流、互助，体现合作进取的精神
学习目标(3)	1. 学会挂臂摆动屈伸上成分腿坐的动作技能，掌握保护与帮助的方法 2. 感受力的传递和全身协调用力在完成动作中的作用，发展力量、灵敏、协调等体能 3. 培养勇敢顽强、挑战自我的品质，体现互帮互助、合作进取的精神
学习目标(4)	1. 体会摆腿屈髋、展髋伸腿、双臂压杠等动作方法，基本学会挂臂摆动屈伸上成分腿坐动作技能；掌握自我保护和相互保护与帮助的方法 2. 感受力的传递和全身协调用力在完成动作中的作用，发展力量、灵敏、协调等体能 3. 表现出勇敢顽强、挑战自我的品质和帮助同伴、合作进取的行为
学习目标(5)	1. 体验摆腿屈髋、展髋伸腿、双臂压杠等动作，借助标志物和同伴帮助基本学会挂臂摆动屈伸上成分腿坐动作技术；具有安全意识和自我保护举动，掌握助摆、托扶等相互保护与帮助的技能 2. 感受力的传递和全身协调用力在完成动作过程中的作用，在各种杠上技能练习、腰背肌力量练习和“挑战自我”游戏活动中，发展上肢及腰腹力量，提高灵敏、协调性；表现出勇于学练、友爱互助的行为

——案例来源：SR的博客，作者：邵荣

http://eblog.cersp.com/userlog/3908/archives/2008/909588.shtml

教学分组还需进一步完善

【案例】武术小组教学

片断(1)

在一节武术课中，教师在学生基本掌握基本武术动作的基础上，要求学生分组创编动作组合，利用已学的基本动作进行动作组合，每套动作包含6个基本动作，动作顺序不限。应该说这一教学环节好多老师都用过，但是对学生学习的效果如何，大家关注得很少。在本节课后面的分组创编过程中，有些小组成员之间是你说你的，我说我的，毫无在意别人的表达，最终导致信息交流的多向、繁杂，大家都拿不定主意，等到要小组展示的时候，还没有一个定论。

评析：

本来教学分组是为了扩大教学信息交流的质量和数量，更好地关注学生的个体差异，使学生的个性能够得到一定程度的发展，但是这样的教学分组的结果使小组活动流于形式，并没有能够发挥教学分组的真正效用，学生只是为了一个任务聚集到一起，这只是形式上的一个表现，场面看上去轰轰烈烈，答案或单一或不能形成统一意见，有些学生觉得无话可说，感觉讨论没有价值，整个过程没有达到提高教学效益、促进学生发展的教学目的。

片断(2)

同样在本节课中，我们也发现了教师在分组时考虑到学生的个体差异，小组以异质设想为主，每个小组中都进行了合理的搭配，这其实应该是一个值得大家学习的地方。但是在教学过程中却出现了一些好的学生成为整个学习的主角，甚至有些“一言堂”的味道，在同一小组内，有的同学在积极讨论交流，有的同学则无所事事，也不发表自己的看法。

评析：

虽然在这样的学习小组中，表面上看上去所有人都能够在小组共同的学习中获得有益的信息，也和其他同学一起在展示动作组合，但是这些动作组合很少是通过困难学生参与讨论交流、独立思考而得来的。其实这样的教学分组，让一些学习困难的学生失去了更多平等参与的学习机会，这对培养学生学习兴趣、激发学生学习兴趣、获得积极的成功的学习体验是严重不利的。

——案例来源：《体育教学》2010 年第 3 期，作者：潘雪峰

教师在课堂上以班级内的各小组为依托，通过各种活动形式，师生在一定时间内共同完成教学目标。小组活动是对传统课堂最根本的改革，由教师灌输学生被动接受变为学生“独学、对学、群学”，由教师与个别学生交流变为全员参与、生生互动、师生互动。

学习小组给了学生相互交流、共同提高的机会，提高了课堂效率。全班同学在学习过程中遇到的相当一部分疑难，可以在第一时间通过小组活动得到解决，这是传统教学模式难以望其项背的。

学习小组给了学生取长补短、个性展示的舞台，调动了课堂的积极性。由于小组活动形式多样，赋予学生尽情发挥的可能，通过各成员之间淋漓尽致的展示，互相补充、整合、升华，学生们在激情中学习，培养了学生主动学习、共同探讨的好习惯。

学习小组给了学生巩固知识、温故知新的平台，强化了学习效果。学生在课堂上通过自学或其他途径刚刚获得的新知识、新信息，在小组活动中互相传递、共同检验，不仅夯实了已学的基础，并且丰富完善了已有信息，同时成员之间在交流时还不时碰撞出火花。

学习小组给了学生创造成功、享受快乐的空间，培养了学习兴趣。人人都想展示自我从而获得自身价值的认可，享受成功的愉悦，由于小组活动的全员参与，使同学们享受成功的机会多起来。

虽然小组有着很多的优势，诸如上面提到的不仅可以有效地关注学生的个体差异，解决因材施教的问题，而且还为发挥学生的学习自主性，促进学生交往和社会性提高，提供了空间。但是在实施的过程中大家对分组教学的使用存在着不足，最典型的就是对分组考虑较多，但是对于分组后，教师对小组成员的角色定位、任务分配、小组成员之间的交往等缺乏有效的指导，不能够充分发挥学习小组的自主性与集体的优势，从而不能有效促进学生主动地、协同地进行学习。于是就出现了只注重分组教学形式，但是缺乏教学有效性的体育课堂。比如：

（1）小组活动重形式。分成学习小组进行合作学习出发点是为了扩大教学信息交流的质量和数量，更好地关注学生的个体差异，让学生可以通过相互合作来解决学习中遇到的问题，使学生的个性能够得到一定程度的发展。但是在教学过程中经常会出现小组活动流于形式的情况，学生只是为了一个任务聚集到一起，这只是形式上的一个表现，场面看上去轰轰烈烈，但是由于教师对小组成员的角色定位、任务分配、小组成员之间的交往等缺乏有效的指导，不能够充分发挥学习小组的自主性与集体的优势，从而不能有效促进学生主动地、协同地进行学习。合作学习得出的答案或单一或不能形成统一意见，有些学生觉得无话可说，感觉讨论没有价值，整个过程没有达到提高教学效益，促进学生发展的教学目的。

（2）学生参与度不均衡。在学习小组，特别是异质分组中，经常会出现了一些好的学生成为了整个学习的主角，甚至有些“一言堂”的味道，在同一小组内，有的同学在积极讨论交流，有的同学则无所事事，也不发表自己的看法。这样的合作学习，表面上看上去所有人都能够在小组共同的学习中获得有益的信息，也和其他同学一起在展示小组学习成果，但是这些学习成果很少是通过困难学生参与讨论交流、独立思考而得来的。其实这样的合作学习，让一些学习困难的学生失去了更多平等参与的学习机会，这对培养学生学习兴趣、激发学生学习兴趣、获得积极的成功的学习体验是严重不利的。

对于以上的情况，需要关注：

(1) 我们在教学过程中采用教学分组的时候要根据教学需要科学分组，要真正能够体现教学分组的优化效率，根据学生的特点，根据教学需要，精心编排，合理划分具有互补功能的小组。

(2) 对于教学分组后的合作学习，教师应该有预设，比如需要解决的问题、要求的提出、呈现的方式、活动的展开，都应该是深思熟虑的；哪些问题是需要教师来解决的，哪些问题是要小组成员共同来解决的，什么时候进行，这些都是需要教师来把握的。而不是只为学生提供学习的平台，然后就放手并不管或者做看客，这样做都是不合适的。新课程中对此时教师的角色做了明确的定位——学生学习的指导者和促进者，教师一定要发挥作用，要不然合作的意义就会丧失殆尽。

新课程下存在“科学的放羊”吗?

【案例】“体育课到底该怎么上”帖子的真实

在“中国体育教师论坛”中浏览到标题为“体育课到底该怎么上”的帖子,在跟帖中许多体育教师实事求是地反映了一个现实,那就是体育课“放羊”。其中一个老师这样写道:“在与各兄弟学校的体育教师的交流接触中,了解到全县包括农村还没听到上课不放羊的,一到体育课,一个个羊倌就聚在一起聊天,就像村口的大婶大妈们。没人来理我们,校长的指示是:不要出事就ok了。”

以上所反映的绝不是个别现象,确实是全国许多地区的学校普遍存在的现状。

——案例来源:中国体育教师论坛

所谓“放羊式教学”,在学校体育界早有定论。长期以来我们把某些不负责任的体育教师不备课、不写教案、上课集合后让学生自己活动,教师撒手不管的教学现象,称之为“放羊式教学”。最具典型的就是大家所熟悉“一个哨子两个球,教师学生都自由”的体育课,这种没有教学目标、教育对象和没有教与学的过程等教学基本要素的行为,不是教学行为,而是放任自流的不负责任的行为,严格说是“放任式”活动。

当然在新课改过程中,在新教育理念下,有人提出我们应重新认识“放羊式教学”,正确理解其内在的性质与内涵。他们认为真正意义上的“放羊式教学”相对传统的“拴羊式教学”是体育课堂教学的一大进步，是教育理念的突破、教学模式的变革、教学方法的创新。“拴羊式”教学是“拴羊式”放牧的一种比喻，就是指牧民用绳子把羊拴在小树上，羊只能吃到以小树为圆心、拴绳为半径范围的草。这些草你爱吃也得吃，不爱吃也得吃；吃饱是这些，吃不饱也是这些。拴羊式教学由此脱胎而成，即以教师为中心，在规定的时间内全体学生学习统一规定的教材，你有兴趣得学，你没有兴趣也得学。

到了新课程，关注学生的学习兴趣，提倡学生进行自主学习，在这时，“放羊说”又一次进入老师们的视野，有老师描绘了新版本的“放羊式教学”：“一是牧羊人要指挥好羊；二是要为羊找一个草肥水美的地儿，让羊吃好长好。同时又要关照好那些弱小的羊，并随时予以特殊‘优待’……这样每只羊可以在牧羊人的辛劳下自由自在地觅食，欢快地嬉戏，真是优哉乐哉！”这样的版本曾经有老师冠以“科学的放羊”，有一段时间也赞同这样的说法，但是时间长了，不免有些想法。

在“科学的放羊说”里，教师的主导地位，毋庸置疑，体现得淋漓尽致，但是羊的主体如何体现，就仅仅是“自由自在地觅食，欢乐地嬉戏”吗？如果体育课堂仅仅就是给学生提供一个自主学习的时间与空间就可以的话，那么好多老师都可以做到。但是为什么好多老师认为现在的体育课堂教学在进行自主学习的时候形式化了，徒有其表呢？因为在这里有一个重要的环节给忽视了，那就是方法。在自主学习的时候，教师不仅仅就是提供给学生自主学习的时间与空间，还要有方法。

自主学习是以学生作为学习的主体，通过学生独立的分析、探索、实践、质疑、创造等方法来实现学习目标。怎样分析、怎样探索、怎样创造这一类的方法对于培养学生获取新知识、分析和解决问题等方面的能力是至关重要的，所以在体育课程标准中大家就可以看到，新的“三基”规定为：知识、技能、方法。要求学生不仅仅掌握一项运动的方法，还要学会怎样去学习一项运动，这对学生终身学习是有益的。

但是对羊来说这些又是不存在的。羊只有一个吃草的动作，而且还不是牧羊人教的；至与独立去分析、探索、实践、质疑、创造它吃的草，那更是不可能的了。所以我们看到的是牧羊人所要做的就是找个好地儿，把羊圈这儿就行了。羊你就吃吧，至于羊怎么吃草，什么方法吃草最好，什么样的草吃了容易饱，什么样的草更有营养，好像都不需要考虑。可是体育课堂教学肯定不能这样。教师首先需要选择有价值的内容提供给学生(找好草地)，在这个基础上高中学生还可以选项(羊肯定不行，给吃什么就吃什么了)，教师还要对内容、方法进行设计的，让学生在学习的过程中不仅要学得有效果(吃饱)，还要有效率(怎样吃更好)、有效益(吃好)。

所以说体育教学不能和放羊一样，找个好草的地儿，把羊扔进去就行了。教学是一个促进人全面发展的过程，包容的内涵太为丰富，不仅仅就是一个吃饱长肥就能够解决的。

情境本该为体育学习服务

【案例】接力跑

曾听过一节“接力跑”的课。该课是以2008北京奥运火炬传递为媒介，在课堂上是想让学生在火炬传递的情境中掌握立棒式传棒、接棒技术，培养学生之间相互配合的能力。执教者一开始拿出接力棒上举让学生说说他的这个动作像什么。由于接力棒与火炬的差距太大，两三分钟后才有学生说像自由女神，老师的反应还不错，问自由女神举的什么，学生一起回答“火炬”。

这位老师连忙接上话茬，对学生们介绍了北京奥运火炬传递的一些情况，甚至还介绍了祥云火炬是由联想公司设计的，至此又过去了两三分钟。听到这儿，不禁要问：这样的情境创设，还是体育课吗？

——案例来源：《体育教学》2009年第5期，作者：潘雪峰、高波、张超

创设教学情境作为加强体育学习与学生生活经验联系的重要手段，也因此被广泛地使用在我们的课堂教学之中。如果我们在教学中能够创设现实而有吸引力的教学情境，不仅可以激发学生学习和解决问题的兴趣，结合生活实际学习体育，而且可以使间接经验的学习由直接的生活经验作支撑，从而使学生更容易理解、掌握体育知识和技能，促进学生对知识的主动建构。

建构主义学习理论指出：情境创设要提供与学习主题的基本内容

相关的以及与现实生活相类似的或真实的情境，使学生具有为理解主题所需要的经验，帮助学习者在这种情境中去发现、探索与解决问题。然而在课改实验中我们发现许多教师由于对创设教学情境的意义和作用在理解上还存在着偏差，经常导致教学情境的价值缺失，甚至出现为情境而创设情境的现象，这种流于形式的教学情境很难真正起到为教学服务的目的。

情境创设是教师将教学目标外化为一个学生容易接受的情境的过程。针对学生的思维特点和认识规律，以“形”为手段，以“趣”为突破口，以“情”为纽带，以“智”为核心，让学生在学习过程中获得求知、认知的乐趣，从而使教学真正成为生动活泼和自我需求的活动。具体而言，体育教学情境的创设应该为学生的体育学习服务，应该为体育知识和技能的学习提供支撑。如果对情境本身进行过多的具体描述和渲染，拘泥于过多的与学习内容无关的信息，非但不能起到引导学生经历学习过程，还可能喧宾夺主，成为分散学生思维的干扰因素。

本节课气氛虽然热烈，而且也能引人入胜，可课的性质却似乎改变了，而且将近七八分钟过去了，学生还是静静地站着，已经开始远离体育课程以身体活动为基本形式的本质了。其实，在课的开始部分教师只要说：“北京奥运火炬正在全国传递，今天在我们的学校也进行传递。”这样开门见山，直接进入主题就可以了。创设情境不能只图表面上的热闹，更不能让过多的非身体锻炼因素干扰和弱化身体锻炼的本质。体育课上的情境创设应该为学生更好地进行身体锻炼服务，应该为学生学习体育技能提供支撑。

所以，不论创设什么样的学习情境都要紧紧围绕教学目标，为完成教学目标服务。在教学实践中创设情境应该把握住“合理、有效”的原则，不做“花架子”。我们应该在教学中深入探讨，不断提高情境教学在体育课堂教学中的效益，为学生提供一个多方位、多层面学习情境，激活学生已有的经验、激发学生的学习兴趣，唤起学生的主体意识，引导学生积极主动地参与学习过程，从而促进学生的全面发展。

虽然目前在我们的课改实验中，情境的创设还存在着诸多的问题，但只要我们真正吃透课改精神，准确把握新理念的本质，并在实践中不断探索和积极创新，相信我们一定能创设出既符合学生认知规律又贴近生活实际并紧扣学习主题的教学情境，更好地为体育教学服务、为学生的发展服务。

其实，真实的教学情境不是为了观赏，它不在于刻意制造些什么，更不在于额外添加了些什么，因为真实的课堂就应该展示学生真实的学习过程。教学就如平常生活，简单有效才是真。

自主、合作、探究流于形式

【案例】一节健美操课片断

(1) 在学生基本掌握健美操的基本步法和动作之后,老师把学生分成6个小组。“下面以小组为单位,进行创编动作组合,看看谁的动作组合得最好,展示得最漂亮。”

(2) 学生分组讨论创编,讨论很激烈。学生一直在讨论,不能达成共识。创编动作感觉进展有些困难。

(3) 教师巡回指导:“你们可以这样组合啊!”。教师在小组示范。

(4) 展示动作组合,组合动作雷同居多,基本上都是老师的个人想法。

——案例来源:体育与健康远程研修平台

传统教学中,教师是知识权威、课堂的主宰,无视学生的主体地位,学生大多无奈地被动学习,缺乏自主学习的教学环境。在新课程强调以“学生发展为中心”的理念下,老师们更多倾向于“把课堂还给学生”、“把时间还给学生”,让学生有更自由的发展空间、更为广阔的展现自我的天地,使学生真正成为学习的主人。

从表面上看,在本片断中教师为学生的自主学习提供了时间和空间,当学生真正得到解放、自主意识得到唤醒的时候,教师却让出了舞台,缺少对学生呈现的信息进行必要的整理和调控,缺少指导学生建构自己的认识过程,所以课堂表现呈现出无序、低效。

为学生提供了健美操动作组合编排的平台，但是很少有新东西出来，雷同的内容较多。我们说在自主或者合作学习的时候，教师不仅仅就是提供学生学习的时间与空间，还必须要有方法的指导。所以，教师让学生去创编的时候，首先要提出目标。比如说，(1) 必须有哪几个动作；(2) 还要有几个新的动作；(3) 在这个新的动作当中必须有两个人的合作或者三个人组合的一个动作。就是说要提出一个合适的目标。其次，给出创编的方法。比如下肢和上肢动作的多种组合；练习的队形上进行交错、排列，三角形、菱形、十字形等等这样的变化；还可以给学生提示，根据音乐的节奏能不能在动作的幅度和力度上再进行变化。这些是方法的指导，为学生在后面的创编给出了明确的方向，学生就不会茫然失措，就会在这些方向上做出自己的选择。

说自主、合作、探究这种学习方式有其自身构成的因素。由于教师主要对自主学习方式内涵并不是十分了解，不能够很好处理好学生学习与教师指导的关系，于是出现了一些不良倾向：比如"绝对的主体性"，一味强调学习内容由学生自己提，学习方式由学生自己选，学习伙伴由学生自己挑等等。教师不去组织，成为一个旁观者，以致学生的主体地位成了阳光下的"彩色泡沫"，所以又衍生了新课程下的"放羊说"。还有出现有问题的学生主体：(1)"虚假的主体性"，即追求形式主义，做表面文章；(2)"肤浅的主体性"，在内容的表层徘徊，学习水平和思维水平不高；(3)"脆弱的主体性"，学生的主体表现并非来自于对知识本身的内在兴趣。

新课程呼唤学生主体地位的回归。当学生真正成为学习的主人时，教师更应充分发挥组织者、引导者与参与者的作用，既不能拒学生的经验于教学之外，简单地进行"师授生受"；也不能任由学生放任，被学生牵着走。追求教与学的有机统一，首先要精心组织，在教学中要给学生提供自主探索的空间，让他们主动参与，积极探究，充分表达自己的想法。其次是认真倾听，才可能敏锐地判断学生认识的深度，发现学生理解上的偏差。最后要巧妙引导，通过关注学生的表现，从而果断地决定在何时、以何种方式介入。

结　束　语

在最后，我想把《做一只蚂蚁——致力践行体育新课程》这段简短的文字作为本书的结束语，与大家一起共勉。

这是一篇旧文。当时是参加教育部国培计划“2010 普通高中课改实验省教师远程研修”活动，主要面向的四川、西藏、贵州、甘肃、重庆等省市，在交流的过程中好多老师对进入新课程提出好多的困难，比如学校办学条件、领导对体育的认可度、体育场地与器材、教师专业发展等一系列的问题。虽然在研修团队当中，但作为一线老师的我，除了发出提倡之外无力去改变什么，只是当时脑袋里突然想起我曾经听刘铁芳老师的一个报告，当中提到了美国学者吉姆·罗恩写的《蚂蚁的哲学》，用“永不放弃”、“未雨绸缪”、“期待满怀”、“全力以赴”来形容蚂蚁的智慧。刘铁芳老师从蚂蚁的智慧生活提炼出五个启迪送给我们，那就是：“从小事着手”、“基于情境的决策”、“行动”、“基于团队的合作”、“坚持不懈”。在面对参与研修的老师提出的困难，我想蚂蚁的哲学应该可以给我们启发。

一、从小事入手

蚂蚁是微小的，体育老师是弱势群体，同样也是微小的。坊间流传的“说起来重要，忙起来不要”的顺口溜，就直接表明了社会、学校、领导对体育的态度。虽然说体育老师微不足道，但是体育对于孩子的健康、孩子的发展而言却是重要的，是非常必要的。学校领导可能不支持课程改革，但是学校不可能不开设体育课，否则学校可能会翻天。所以体育老师只要想着课程改革，还是有事可为的，至少可以从我们的主阵地——课堂教学开始。太大的动作，可能会搞不动、搞不定，所以我们就从小处着手。在课堂教学中，教学思想的渗透、教学方式的变化、教学评价的改革这些都是可以进行的。在教学中更多地从学生出发，多考虑学生的基础来进行教学设计，多关注学生的个体差异来进行分层教学、因材施教，这些也都是可以做到的。事虽小，但是如果我们做了，就迈出了关键的一步。

二、基于情境的决策

蚂蚁存储食物之前是不会想“我今天要找什么”的，它们是在寻找的过程中不断地发现，遇到不同的食物就会采用不同的办法把食物运回去。其实也就启示我们，作为教师要扎根课堂，关注身边的事情，把自己置身于日常教育生活世界，直面层出不穷的教育现实问题；教师要更多地在做中思考，寻找解决问题的智慧。“教师即研究者”，“教育即研究”，……所有这些说法如今在教育界越来越脍炙人口，这就是告诉我们：教师就是天然的“研究者”！因为教师早就站立在、扎根在活生生的教育实践的地带。所以我们教师要关注自己的教育生活，立足于课堂，抓住体育教学中出现的现象与问题进行研究。虽然说精心的预设不可少，但是也不能老是在那里想我可能会遇到哪些问题，因为有些问题在教育的过程中会自然而然地得到解决，还有些问题是在教学的过程中不断生成的，这其实也就提醒我们要在真实的教学情境中寻找真实的问题。

三、行动

蚂蚁是不懈耕耘与劳作的，于细微处收获和积聚着行动的智慧。

新课程是一种行动的课程，体育更是一个“身体力行”的课程。新课程，哪里新？为什么新？怎样新的？有哪些变化？熟悉课标、理解课标、实践课标都是需要一线教师亲历亲为的。诚然体育课程改革需要得到领导的支持、专家的指点等外部环境的推动，但最后所有这一切都是教师来做的，更主要的是教师的主动面对。通过与老师的交流，我们知道在有些地区，体育教师实施新课程的艰难程度是可以想象的，有时更可用步履维艰来形容。他们的思想与行动几乎是痛苦的介入，在新旧更迭的这种切肤之痛的磨砺中，一部分人选择了退出。退出意味着被动、坐等，他们不愿主动去面对，只希冀同行们学会了再来直接“借用”。可是，他们万万没有想到，仅此一念，本在同一起跑线上的你我，就拉开了差距。“坐而论道，起而行之”，不同的选择就会形成不同结果，那就是“先行者与落伍者”。

四、团队合作

蚂蚁的力量是微小的，但俗话却说起“人多好做工，蚁多困死虫”，很好地解释了团结就是力量。在新课改中，一个人的力量是微小的，一个人摸索着前行也是有困难的，所以新课程提倡老师们构建“学习共同体”，携手走进新课程。在学习共同体中，需要我们开放自己的课堂；需要相互交流、相互评价我们的教学经验；同时还需要我们用心去聆听、去学习。这样我们就可以从同伴那里更多地了解我们自己和我们的教学，寻找存在的不足，共同解决出现的问题，从而达成沟通、分享、共进的效果，更好地进行课程改革，更好地实施体育新课程。曾经读过这样的哲语：“如果你有一个苹果，我有一个苹果，互相交换，就各有一个苹果。但如果你有一种思想，我有一种思想，我们互相分享，就各自有了两种思想。”教师学习共同体的沟通与分享，是种多元的、多层的相互合作相互弥补的关系，在其中思想、知识、经验的共享很可能还不仅是简单累加，甚至是相互碰撞、相互浸润、相互融合。所以，我们应该携手走进新课程。

五、坚持不懈

如果蚂蚁奔向某个地方，而你想方设法阻止它们，它们就会寻找另一条路线，它们或往上爬，或从地下钻，或者绕行，直到它们寻找到另一条路线。多么美妙的哲学！坚持不懈，从不放弃，一直寻找一条路线奔向你想去的地方。体育课程改革不是一阵风，而是一个持续的、持久的发展过程。季浏老师曾说：“体育新课程是不断逼近的理想。”或许我们可以这样去理解，真正的教育理想也许永远在路上，我们只能不断靠近，很可能无法完全企及。因此我们任重道远，未有穷期。所以我们只能永不放弃，坚持不懈，不断向理想迈进。

从小事做起，从一点一滴做起，在日积月累的不辞劳苦、锲而不舍、团结协作中，把一个个困难和障碍踩在脚下，做一只体育新课程的蚂蚁，或许还能书写一段“蚍蜉撼大树”的生命传奇！

主要参考文献

1. 季浏.体育与健康教学研究与案例[M].北京:高等教育出版社,2007.

2. 季浏,汪晓赞.高中体育与健康教学法[M].北京:高等教育出版社,2005.

3. 潘绍伟.高中新课程·教与学:体育与健康[M].北京:北京大学出版社,2007.

4. 孟文砚,周兵.有效的教学技能(中小学体育)[M].吉林:吉林大学出版社,2009.

5. 毛振明,于素梅.体育教学评价技巧与案例[M].北京:北京师范大学出版社,2009.

6. 董翠香.体育校本课程[M].北京:北京体育大学出版社,2006.

7. 毛振明,陈海波.体育教学方法理论与案例研究[M].北京:人民体育出版社,2005.

8. 张荣伟."新课程改革"究竟给我们带来什么[M].福州:福建教育出版社,2008.

9. 李大春,蒋心萍.例说新课标.中学体育卷[M].南宁:广西教育出版社,2007.

10. 刘健.走进高中体育与健康教学现场[M].北京:首都师范大学出版社,2005.

11. 谢彬.新课程教学设计.体育[M].北京:首都师范大学出版社,2004.

12. 江仁虎,梅雪熊,郑旭旭. 新课程体育(与健康)教与学[M]. 福州:福建教育出版社,2005.

13. 胡东芳. 教育新思维:东西方教育对话录[M]. 桂林:广西师范大学出版社,2003.

14. 谭华. 高中体育选项教学探索与实践[M]. 北京:人民教育出版社,2005.

15. 严育洪. 课堂焦点:新课程教学九辩[M]. 北京:首都师范大学出版社,2006.

16. 汪晓赞,季浏. 中小学体育新课程学习评价[M]. 上海:华东师范大学出版社,2005.

后　　记

在体育课程改革走到十年的时候就想写一些“案例＋随感”型的文字，记录自己曾经走过的体育课程改革之路。当时我这样描述十年：

这十年，是思想革新的十年。“以人为本”、“健康第一”、“自主合作探究”、“关注个体差异”、“目标引领内容”，这一切已经融入了老师们的血液；老师们也开始尝试站到学生的身后去，让自己成为教学环境的设计者、学生学习的组织者和引导者、学习过程的合作者和促进者；学生有了自主学习的时间与空间，学习过程也变得多彩纷呈，富有创造性了。

这十年，是披荆斩棘的十年。不同专家对课程标准解读，让老师们在前行的道路上不断纠结；理论与实践之间桥梁的自我构建，很多老师的咬紧牙关，不坐等、不观望，哪怕是摸着石头过河，也要硬趟出一条路来；新课程下体育教师的角色转变，让老师们在前行的道路上只能一刻不息，永不停步地追求自身成长。这些经历有时可以用步履维艰来形容，甚至有时是思想与行动几乎是痛苦的介入，但是在新旧更迭的这种切肤之痛的磨砺中，都让我们更为深刻地理解新课程，认识新课程。

这十年，是前行着反思的十年。我们发现体育新课程并不是有些人所说的横空出世的天外来物，推倒重来的另起炉灶。它是对体育教育优秀传统的继承，是对现代先进教育思想的吸收，是对体育教育所应该达到的理想状态的描述。理想的目标是无止境的，我们不断逼近，很可能无法完全企及，然而，这正是我们奋斗的方向。沿着这条道路前行的时候，我们的肩上有沉甸甸的责任的重量，也有一份自豪和光荣。

与新课程一路同行，这条路上有辛劳，有奋斗，有坚守，有收获。所以在当时就想着写点文字记录下这一段，但是担心自己的水平有限，一直踌躇不前。一梯队导师姚侃先生给我讲了一句话："一件事，如果等所有的条件都成熟再采取行动，那么你也许会永远等下去。"这句话给了我撰写本书的行动勇气。尽管本书无法把所有的感受都表达出来，有些材料还不够典型或不够翔实，有些认识还不够全面不够科学，但只有做了，才可能不断地深入探讨，提升自己的认识。所以希望本书的读者也能得到启发：一是不要等所有条件成熟了才去行动，那么你也许会永远等下去；二是要不断行动、不断研究、不断反思，使不成熟的条件逐步变得成熟。

周兵，我的研究生导师，南京师范大学体育与科学学院教授，睿智豁达之人。多年的关爱与提携让我不断成长，本次又花费了许多宝贵的时间进行审稿，并为本书作序，在这里表示崇高的敬意与衷心的感谢！托罗普斯工作室的成员为本书提供了案例并协同杨春霞老师帮助我校对稿件，谢谢你们。同时，对本书中直接或间接引用到的文献资料的专家和作者表示真诚的感谢。

在最后，想要说明的是由于自己的编写水平与能力有限，本书肯定会存在许多不足之处，敬请读者批评指正！

潘雪峰

2013 年 1 月 25 日